New
The 바른
미얀마어 ① STEP

저자 ∣ 호닌위이마웅
(HNIN WUT YI MAUNG)

KB127545

New The 배틀 미얀마어 STEP 1

초 판 인 쇄	2020년 05월 06일
초 판 2 쇄	2023년 12월 01일

지 은 이	흐닌위이마웅(HNIN WUT YI MAUNG)
펴 낸 이	임승빈
편 집 책 임	정유항, 김하진
편 집 진 행	송영정
조 판	오미원
표지디자인	다원기획
내지디자인	디자인캠프
마 케 팅	염경용, 이동민, 이서빈

펴 낸 곳	ECK북스
주 소	서울시 마포구 창전로 2길 27 [04098]
대 표 전 화	02-733-9950
홈 페 이 지	www.eckbooks.kr
이 메 일	eck@eckedu.com
등 록 번 호	제 2020-000303호
등 록 일 자	2000. 2. 15

I S B N	978-89-92281-96-6
정 가	20,000원

New The 바른 미얀마어

STEP 1

저자 | 흐닌위이마웅
(HNIN WUT YI MAUNG)

ECK Books

저자의 말

 저는 언어를 전공한 사람으로서 모국어가 아닌 외국어를 배울 때 쉽고 정확하게 배울 수 있는 방법을 고민하며 효과적인 교육 방법을 연구해왔습니다. 현재 한국에서 기업이나 개인을 대상으로 미얀마어를 가르치고 있는데, 적당한 미얀마어 교재가 없어 늘 불편을 겪던 터라 기회가 되면 제가 직접 미얀마어 교재를 써보고 싶은 생각이 있었습니다. 그러던 중에 ECK 교육의 제안으로 본 교재를 집필하게 되었습니다.

 《New The 바른 미얀마어 Step1》은 미얀마어를 처음 배우는 학습자들이 미얀마어 문자와 발음부터 시작하여 기초 문법과 회화까지 한 번에 공부할 수 있도록 구성하였습니다. 미얀마어는 한국어와 어순이 같고 문장 구조도 비슷해서 다른 언어에 비해 공부하기가 쉬운 편이지만 자음과 모음의 수가 많고 성조까지 있어서 초급 단계에서 어려움을 겪는 게 사실입니다. 그래서 본 책은 미얀마어 문자를 제대로 익히도록 하는 데에 중점을 두었으며, 자음과 모음 글자 하나하나를 올바른 순서대로 써보는 연습을 할 수 있도록 워크북 형태의 〈쓰기 노트〉도 준비하였습니다.

 회화 파트에는 일상생활을 주제로 한 다양한 기초 대화문을 실었으며, 문법 파트에서는 미얀마어의 기초 문법을 다양한 예문을 들어 자세히 설명했습니다. 학습 편의를 위해 본문 전체의 미얀마어 문장에 한글로 발음을 표기하여 초급 학습자들이 문장을 읽는 데 조금이나마 도움이 될 수 있게 하였습니다. 하지만 미얀마어 발음을 한글로 정확히 표기하는 데는 한계가 있기 때문에 정확한 발음은 꼭 MP3 파일을 듣고 확인하시기 바랍니다.

 저에게 이렇게 책을 쓸 기회를 주신 ECK 교육의 임승빈 대표님과 염경용 이사님, 원고를 처음부터 끝까지 정성껏 편집해주신 송영정 편집자님, 책을 예쁘게 만들어주신 디자이너분께 모두 감사의 말씀을 드립니다. 더불어, 미얀마 현지에서 교재에 필요한 사진을 직접 찍어서 보내주신 더민민우(Daw Myint Myint Oo) 선생님과 동생 네이뚜야마웅(Nay Thura Maung), 녹음을 도와준 탓탓우(Htet Htet Oo)께도 감사의 말씀을 전하며, 그 밖에 뚜야카인(Thura Khaing), 임대순, 정유항 과장님 등 책이 나오는 데 도움을 주신 모든 분들께 감사의 말씀을 드립니다.

 모쪼록 이 책이 미얀마어를 공부하는 모든 학습자들에게 조금이나마 도움이 되기를 간절히 바랍니다.

저자　흐닌위이마웅(HNIN WUT YI MAUNG)

목차

이 책의 **구성과 특징**

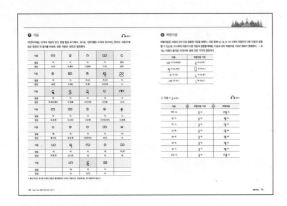

💡 예비학습

미얀마어의 자음과 모음, 복합자음, 받침 등 미얀마어 문자와 발음을 알기 쉽게 정리했습니다. 본 학습에 들어가기 전에 반드시 먼저 학습하세요.

💡 회화

일상생활을 주제로 한 기초 대화문을 실었습니다. 처음엔 가볍게 읽어보고, 문법을 학습한 후에 다시 한번 읽어보기를 권합니다. 학습 편의를 위해 한글로 발음을 표기하였으나, 정확한 발음은 꼭 MP3 파일을 듣고 확인하세요.

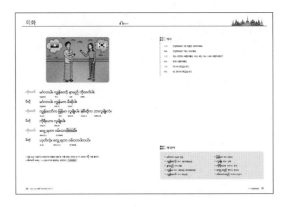

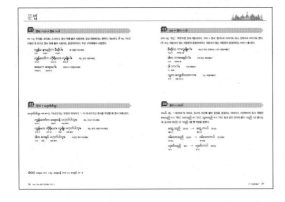

💡 문법

회화 속 핵심 문법 사항들을 정리했습니다. 미얀마어 입문 및 초급 단계의 필수 문법을 다양한 예문과 함께 이해하기 쉽게 설명했습니다.

💡 연습문제

문제풀이를 통해 학습한 내용을 복습하고 정리할 수 있도록 하였습니다. 듣기, 말하기, 쓰기 등 다양한 형식의 문제를 제공합니다.

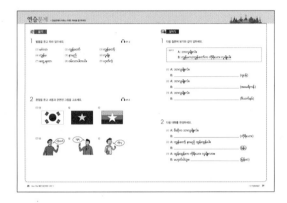

💡 어휘

일상생활과 관련된 다양한 기초 어휘를 주제별로 정리하였습니다. 정확한 발음을 함께 익힐 수 있도록 MP3 파일을 제공합니다.

💡 미얀마를 소개합니다

미얀마의 다양한 문화와 생활방식 등을 소개합니다. 미얀마에 관한 다양한 정보를 통해 미얀마 문화를 이해하는 폭을 넓혀보세요.

💡 쓰기 노트

미얀마어의 자음과 모음, 복합자음, 자음과 모음의 결합 형태 등을 올바른 순서로 써볼 수 있도록 〈쓰기 노트〉를 부록으로 제공합니다.

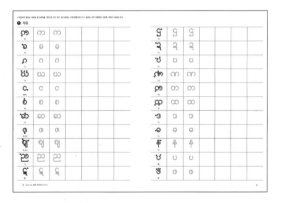

MP3 다운로드 방법

본 교재의 MP3 파일은 www.eckbooks.kr에서 무료로 다운로드 받을 수 있습니다.
QR 코드를 찍으면 다운로드 페이지로 이동합니다.

예비학습

❶ 자음

00-1

미얀마어에는 33개의 자음이 있다. 한글 발음 표기에서 . 표시는 1성조(짧은 소리)로 읽으라는 뜻이다. 자음의 발음은 명칭의 첫 글자를 따르며, 모든 자음은 1성조로 발음한다.

자음	က	ခ	ဂ	ဃ	င
발음	까.	카.	가.	가.	응아.
명칭	까.지:	카.퀘이:	가.응애	가.지:	응아.
자음	စ	ဆ	ဇ	ဈ	ည
발음	싸.	사.	자.[z]	자.[z]	냐.
명칭	싸.론:	사.레인	자.궤:	자.민:쉐	냐.
자음	ဋ	ဌ	ဍ	ဎ	ဏ
발음	따.	타.	다.	다.	나.
명칭	따.떼린:제잇.	타.원베:	다.인가욱.	다.인못.	나.지:
자음	တ	ထ	ဒ	ဓ	န
발음	따.	타.	다.	다.	나.
명칭	따.원:뿌	타.신두:	다.두에:	다.아욱.차익.	나.응애
자음	ပ	ဖ	ဗ	ဘ	မ
발음	빠.	파.	바.	바.	마.
명칭	빠.사웃.	파.옷.톳.	바.텟.차잇.	바.곤:	마.
자음	ယ	ရ	လ	ဝ	သ
발음	야.	야.	라.	와.	따.[θ]
명칭	야.뻿.렛.	야.가욱.	라.	와.	따.
자음		ဟ	ဠ	အ	
발음		하.	라.	아.	
명칭		하.	라.지:	아.	

* 붉은색으로 표시한 8개의 자음은 불경에서만 쓰이는 자음으로, 일상에서는 잘 사용하지 않는다.

❷ 복합자음

복합자음은 자음이 2개 이상 결합된 자음을 말한다. 자음 중에 ဃ, ရ, ဝ, ဟ 4개의 자음만이 다른 자음과 결합할 수 있는데, 이 4개의 자음이 다른 자음과 결합할 때에는 다음과 같이 복합자음 기호로 형태가 변화한다. – 표시는 자음이 들어갈 자리이며, 괄호 안은 각각의 명칭이다.

자음	복합자음 기호
ဃ 야. (야.뺏.렛.)	ਿ 야. (야.삔:)
ရ 야. (야.가욱.)	ြ 야. (야.인.)
ဝ 와. (와.)	ွ 와. (와.쇄:)
ဟ 하. (하.)	ှ 하. (하.토:)

① 자음 + ਿ (야.삔:) 🎧 00-2

자음	⊕	복합자음 기호	⊖	복합자음
က 까.		ਿ 야.		ကျ 짜.
ခ 카.		ਿ 야.		ချ 차.
ဂ 가.		ਿ 야.		ဂျ 자.
ပ 빠.		ਿ 야.		ပျ 빠.
ဖ 파.		ਿ 야.		ဖျ 퍄.
ဗ 바.		ਿ 야.		ဗျ 뱌.
မ 마.		ਿ 야.		မျ 먀.
လ 라.		ਿ 야.		လျ 랴.

② 자음 + ျ (야.인.)　　　　　　　🎧 00-3

자음	⊕	복합자음 기호	→	복합자음
က 까.		ျ 야.		ကျ 짜.
ခ 카.		ျ 야.		ချ 차.
ဂ 가.		ျ 야.		ဂျ 자.
င 응아.		ျ 야.		ငျ 냐.
ပ 빠.		ျ 야.		ပျ 빠.
ဖ 파.		ျ 야.		ဖျ 퍄.
ဗ 바.		ျ 야.		ဗျ 뱌.
မ 마.		ျ 야.		မျ 먀.

③ 자음 + ွ (와.쇄)　　　　　　　🎧 00-4

자음	⊕	복합자음 기호	→	복합자음
က 까.		ွ 와.		ကွ 꽈.
ခ 카.		ွ 와.		ခွ 콰.
ဂ 가.		ွ 와.		ဂွ 과.
င 응아.		ွ 와.		ငွ 응와.
စ 싸.		ွ 와.		စွ 쏴.
ဆ 사.		ွ 와.		ဆွ 솨.
ဇ 자.[z]		ွ 와.		ဇွ 좌.
ည 냐.		ွ 와.		ညွ 뉴와.
ဋ 따.		ွ 와.		ဋွ 똬.
ဌ 타.		ွ 와.		ဌွ 톼.

자음		복합자음 기호		복합자음
ဒ 다.		‐ံ 와.		ဒံ 돠.
ဓ 다.		‐ံ 와.		ဓံ 돠.
န 나.		‐ံ 와.		နံ 놔.
ပ 빠.		‐ံ 와.		ပံ 빠.
ဖ 파.		‐ံ 와.		ဖံ 퐈.
ဗ 바.		‐ံ 와.		ဗံ 봐.
ဘ 바.		‐ံ 와.		ဘံ 봐.
မ 마.		‐ံ 와.		မံ 뫄.
ယ 야.		‐ံ 와.		ယံ 유와.
ရ 야.		‐ံ 와.		ရံ 유와.
လ 라.		‐ံ 와.		လံ 롸.
သ 따.[θ]		‐ံ 와.		သံ 똬.

④ 자음 + ‐ှ (하.토:)   00-5

자음	➕	복합자음 기호	➡	복합자음
င 응아.		‐ှ 하.		ငှ 흥아.
ည 냐.		‐ှ 하.		ညှ 흐냐.
န 나.		‐ှ 하.		နှ 흐나.
မ 마.		‐ှ 하.		မှ 흐마.
ယ 야.		‐ှ 하.		ယှ 샤.
ရ 야.		‐ှ 하.		ရှ 샤.
လ 라.		‐ှ 하.		လှ 흘라.
ဝ 와.		‐ှ 하.		ဝှ 화.

⑤ 자음 + ◌ွ (야.쀈:와.쇄:) (◌ွ + ◌ွ) 00-6

자음	⊕	복합자음 기호	→	복합자음
ဃ 까.		◌ွ 야. + 와.		ဃွ 쫘.
ခ 카.		◌ွ 야. + 와.		ခွ 촤.
ဂ 가.		◌ွ 야. + 와.		ဂွ 좌.

⑥ 자음 + ◌ြ (야.인.와.쇄:) (◌ြ + ◌ွ) 00-7

자음	⊕	복합자음 기호	→	복합자음
ဃ 까.		◌ြ 야. + 와.		ဃြ 쫘.
ခ 카.		◌ြ 야. + 와.		ခြ 촤.
မ 마.		◌ြ 야. + 와.		မြ 뫄.

⑦ 자음 + ◌ွ (야.쀈:하.토:) (◌ွ + ◌ွ) 00-8

자음	⊕	복합자음 기호	→	복합자음
မ 마.		◌ွ 야. + 하.		မွ 흐먀.
လ 라.		◌ွ 야. + 하.		လွ 흘랴./샤.
သ 따.[θ]		◌ွ 야. + 하.		သွ 샤.

⑧ 자음 + ◌ြ (야.인.하.토:) (◌ြ + ◌ွ) 00-9

자음	⊕	복합자음 기호	→	복합자음
မ 마.		◌ြ 야. + 하.		မြ 흐먀.

⑨ 자음 + ှ (와.쇄:하.토:) (ှ + ့)   00-10

자음	⊕	복합자음 기호	→	복합자음
ည 냐.		ှ 와. + 하.		ည္ဟ 흐뉴와.
န 나.		ှ 와. + 하.		နှ 흐놔.
မ 마.		ှ 와. + 하.		မှ 흐와.
ရ 야.		ှ 와. + 하.		ရှ 슈와.
လ 라.		ှ 와. + 하.		လှ 흘라.

⑩ 자음 + ျ (야.인.와.쇄:하.토:) (ျ + ှ + ့) 00-11

자음	⊕	복합자음 기호	→	복합자음
မ 마.		ျ 야. + 와. + 하.		မျှ 흐먀.

③ 모음과 성조

(1) 성조

🎧 00-12

미얀마어는 복합형 성조 언어이며 3개의 성조가 있다. 1성조는 높은 음에서 가장 낮은 음으로 빨리 떨어뜨려 발음하고, 2성조는 낮은 위치에서 시작하며 저음으로 길게 발음한다. 3성조는 낮은 음에서 높은 음으로 올렸다가 내리며 발음한다.

■ 발음의 시작점

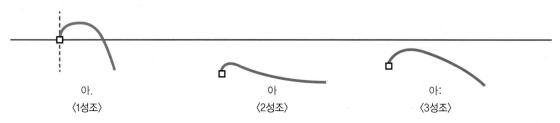

아.   아   아:
〈1성조〉   〈2성조〉   〈3성조〉

(2) 모음

모음	⁻ɔ/⁻ㄱ	⁻̥	᥆	ᥱ
발음	아	이.	이.	이
명칭	예이:차/마욱.차	아욱.까.밋.	론:지:띤	론:지:띤산캇.
모음	⁻ㄴ	⁻ㄲ	Ө⁻	⟍
발음	우.	우	에이	에
명칭	따차웅:인	흐네차웅:인	따웨이토:	나욱.뼷.
모음	Ө⁻ɔ	⁻̊	⁻̊ㄴ	⁻ះ
발음	어	앙	오	이:
명칭	따웨이토:예이:차.	떼이:떼이:띤	론:지:띤따차웅:인	윗.사.나론:빠옷.

* ⁻ɔ (예이:차)와 ⁻ㄱ (마욱.차)는 같은 [아] 발음이 나는 모음이지만, ⁻ㄱ는 자음 ə 카. ○ 가. c 응아. з 다. U 빠. o 와.와만 결합하고 나머지 자음은 ⁻ɔ와 결합한다.
* ⁻̥ (아욱.까.밋)은 1성조를 대표하는 모음이다.
* ⁻ះ (윗.사.나론:빠옷.)은 3성조를 대표하는 모음이다.
* 위의 모음들은, 자음과 결합할 때, 단독으로 쓰이기도 하고 결합하여 쓰이기도 한다.

(3) 모음의 발음

🎧 00-13

모음 표에서 알 수 있듯이, 미얀마어의 모음은 크게 [아], [이], [우], [에이], [에], [어], [앙], [오] 8가지 발음이 있다. 다음은 이 8개의 발음을 각각 성조에 따라 구분하여 표시한 것이다. − 표시는 자음이 결합할 자리를 나타낸다. 한글 발음 표기에서 . 표시는 1성조를 의미하며, : 표시는 3성조를 의미한다. 2성조는 표시가 없다.

	1성조	2성조	3성조
1	-ာ/-ါ 아.	-ာ/-ါ 아	-ား/-ါး 아:
2	ိ 이.	ီ 이	ီး 이:
3	ု 우.	ူ 우	ူး 우:
4	ေ- 에이.	ေ- 에이	ေ-း 에이:
5	ဲ/-ယ် 에.	-ယ် 에	ဲ 에:
6	ေ-ာ့ 어.	ေ-ာ် 어	ေ-ာ 어:
7	ံ 앙.	ံ 앙	-န်း 앙:
8	ို့ 오.	ို 오	ိုး 오:

다음은 자음 အ 아.와 모음을 결합한 형태이다.

	1성조	2성조	3성조
1	အ/အာ့ 아.	အာ 아	အား 아:
2	အိ 이.	အီ 이	အီး 이:
3	အု 우.	အူ 우	အူး 우:
4	အေ့ 에이.	အေ 에이	အေး 에이:
5	အဲ့/အယ် 에.	အယ် 에	အဲ 에:
6	အော့ 어.	အော် 어	အော 어:
7	အံ့ 앙.	အံ 앙	အန်း 앙:
8	အို့ 오.	အို 오	အိုး 오:

예비학습 **19**

❹ 받침

미얀마어에서 받침(종성) 자리에 올 수 있는 자음은 က 까., စ 싸., တ 따., ပ 빠., င 응아., ည 냐., န 나., မ 마. 8개가 있다. 이들 자음이 받침으로 쓰일 때, 글자 위에 ် (아땃)이라는 기호가 붙는다.

(1) 폐쇄음 받침

🎧 00-14

8개의 자음 중 က 까., စ 싸., တ 따., ပ 빠.는 받침으로 올 때 폐쇄음이 되며, 이들은 1성조로만 발음한다.

받침	발음	명칭
က်	액.	까.땃.
စ်	잇.	싸.땃.
တ်	앗.	따.땃.
ပ်	앗.	빠.땃.

* တ်(따.땃.)과 ပ်(빠.땃.)은 같은 발음이 난다.

다음은 자음 အ 아.에 모음과 폐쇄음 받침이 결합한 형태이다.

🎧 00-15

받침 \ 모음	-	◌ံ	◌ိ	ေ–ာ	◌ို
က်	အက် 액.	–	–	အောက် 아욱.	အိုက် 아익.
စ်	အစ် 잇.	–	–	–	–
တ်	အတ် 앗.	အိတ် 에잇.	အုတ် 오웃.	–	–
ပ်	အပ် 앗.	အိပ် 에잇.	အုပ် 오웃.	–	–

(2) 비음 받침

🎧 00-16

8개의 자음 중 င 응아., ည 냐., န 나., မ 마.는 받침으로 올 때 비음이 되며, 이들은 1~3성조가 모두 있다.

받침	발음	명칭
င	잉	응아.땃.
ည	이/애	냐.땃.
ဉ	잉	냐.그레이땃.
န	앙	나.땃.
မ	앙	마.땃.

* င (응아.땃.)과 ဉ (냐.그레이땃.)은 같은 발음이 난다.
* န (나.땃.)과 မ (마.땃.)은 같은 발음이 난다.
* ည (냐.땃.)은 [이], [애] 2가지 발음이 난다.
* ဉ (냐.그레이땃.)은 자음 ည (냐.)에 포함된 ဉ (냐.그레이)에서 형성된다.

다음은 자음 အ 아.에 모음과 비음 받침이 결합한 형태이다.

🎧 00-17

받침 \ 모음	-	◌ၟ	◌ႂ	ေ-ာ	◌ိ
င	အင် 잉	-	-	အောင် 아웅	အိုင် 아잉
ည/ဉ	အည်/အဉ် 이/잉	-	-	-	-
န	အန် 앙	အိန် 에잉	အုန် 옹	-	-
မ	အမ် 앙	အိမ် 에잉	အုမ် 옹	-	-

01

မင်္ဂလာပါ။

안녕하세요!

회화

ကိုထက်	မင်္ဂလာပါ။ ကျွန်တော့ နာမည် ကိုထက်ပါ။
	밍글라바　쯔너.　나매　꼬탓바

မီဆို	မင်္ဂလာပါ။ ကျွန်မက မီဆိုပါ။
	밍글라바　쯔마.가　미소바

ကိုထက်	ကျွန်တော်က မြန်မာ လူမျိုးပါ။ မမီဆိုက ဘာလူမျိုးလဲ။
	쯔너가.　만마　루묘:바　마미소가.　바루묘:레:

မီဆို	ကိုရီးယား လူမျိုးပါ။
	꼬리:야:　루묘:바

ကိုထက်	တွေ့ရတာ ဝမ်းသာပါတယ်။
	뛔이.야.다　완:따바데

မီဆို	ဟုတ်ကဲ့။ တွေ့ရတာ ဝမ်းသာပါတယ်။
	훗.께.　뛔이.야.다　완:따바데

* 처음 보는 사람이나 연장자의 이름을 부를 때, 이름 앞에, 여자는 မ 마, 남자는 ကို 꼬를 붙인다.
* ပါတယ် 바데는 '~ㅂ/습니다'에 해당하는 표현이다. p.36 참고

해석

꼬탓	안녕하세요? 제 이름은 꼬탓이에요.
미소	안녕하세요? 저는 미소예요.
꼬탓	저는 미얀마 사람이에요. 미소 씨는 어느 나라 사람이에요?
미소	한국 사람이에요.
꼬탓	만나서 반갑습니다.
미소	네. 만나서 반갑습니다.

새 단어

- မင်္ဂလာ 밍글라 안녕
- ကျွန်တော့် 쯔너. 제/저의(남성)
- နာမည် 나매 이름
- ကျွန်မ 쯔마. 저(여성), 제/저의(여성)
- ကျွန်တော် 쯔너 저(남성)
- မြန်မာ 먄마 미얀마
- လူမျိုး 루묘: 민족
- ကိုရီးယား 꼬리:야: 한국
- တွေ့သည် 뛔이.디 만나다
- ဝမ်းသာသည် 완:따디 반갑다

문법

01 명사 + က + 명사 + ပါ

က 가.는 주어를 나타내는 조사이다. 명사 뒤에 붙여 사용하며, 일상 대화에서는 생략이 가능하다. ပါ 바는 '이다/이에요'의 뜻으로 명사 뒤에 붙여 사용하는 종결어미이다. 주로 구어체에서 사용한다.

ကျွန်မ နာမည်က မိဆိုပါ။   제 이름은 미소예요.
쯔마.   나매가.   미소바

ကျွန်တော်က ကိုရီးယား လူမျိုးပါ။   저는 한국 사람이에요.
쯔너가.   꼬리:야: 루묘:바

အမေက ဆရာမပါ။   어머니가 선생님이에요.
아메이가.   세야마.바

02 명사 + မဟုတ်ပါဘူး

မဟုတ်ပါဘူး 마훗.빠부:는 '아니다'라는 부정의 의미이다. '~가 아니다'라고 명사를 부정할 때 명사 뒤에 쓴다.

ကျွန်တော်က ဆရာဝန် မဟုတ်ပါဘူး။   저는 의사가 아니에요.
쯔너가.   세야원   마훗.빠부:

ကျွန်မက ကိုရီးယား လူမျိုး မဟုတ်ပါဘူး။   저는 한국 사람이 아니에요.
쯔마.가.   꼬리:야: 루묘: 마훗.빠부:

ဒါက စာအုပ် မဟုတ်ပါဘူး။   이것은 책이 아니에요.
다가.   싸옷.   마훗.빠부:

새 어 휘 ဆရာမ 세야마. 선생님, ဆရာဝန် 세야원 의사, စာအုပ် 싸옷. 책

03 ဘာ + 명사 + လဲ

ဘာ 바는 '무슨', '무엇'이란 뜻의 의문사이다. 'ဘာ + 명사' 형식으로 쓰이기도 하고, 단독으로 쓰이기도 한다. လဲ 레:는 의문사가 있는 의문문의 종결어미이다. 의문사가 없는 의문문의 종결어미는 လား 라:를 쓴다.

မီဆိုက ဘာလူမျိုးလဲ။　　미소가 무슨 민족(어느 나라 사람)이에요?
미소가.　　　바루묘:레:

ဒါက ဘာစာအုပ်လဲ။　　이게 무슨 책이에요?
다가.　　바싸옷.레:

ဒါ ဘာလဲ။　　이게 뭐예요?
다 바레:

သူက ကျောင်းသားလား။　　그는 학생이에요?
뚜가.　　짜웅:따:라:

04 동사 + တယ်

တယ် 데는 '~아/어요'의 의미로, 동사의 어간에 붙여 문장을 종결하는 어미이다. 미얀마어의 동사 원형은 စားသည် 싸:디 '먹다', လာသည် 라디 '오다', သွားသည် 똬:디 '가다' 등과 같이 단어의 끝이 -သည် 디로 끝나는데, 동사의 어간은 이 -သည် 디를 뺀 부분을 말한다.

တွေ့သည် 만나다 → တွေ့တယ် 만나요
뛔이.디　　　　　　　　뛔이.데

ဝမ်းသာသည် 반갑다 → ဝမ်းသာတယ် 반가워요
완:따디　　　　　　　　　　완:따데

ဟုတ်သည် 맞다 → ဟုတ်တယ် 맞아요
홋.디　　　　　　　　　홋.데

연습문제

* 연습문제의 어휘는 〈어휘〉 파트를 참고하세요.

🎧 듣기

1 발음을 듣고 따라 읽으세요. 🎧 01-2

(1) မင်္ဂလာ (2) ကျွန်တော် (3) ကျွန်တော့်

(4) ကျွန်မ (5) နာမည် (6) လူမျိုး

(7) တွေ့ရတာ (8) ဝမ်းသာပါတယ်။ (9) ဟုတ်ကဲ့

2 문장을 듣고 내용과 관련된 그림을 고르세요. 🎧 01-3

(1) ⓐ   ⓑ   ⓒ

(2) ⓐ   ⓑ   ⓒ

말하기

1 다음 질문에 보기와 같이 답하세요.

> | 보기 |
>
> A: ဘာလူမျိုးလဲ။
>
> B: ကျွန်မက/ကျွန်တော်က ကိုရီးယား လူမျိုးပါ။

(1) A: ဘာလူမျိုးလဲ။

B: _____ (ဂျပန်)

(2) A: ဘာလူမျိုးလဲ။

B: _____ (အမေရိကန်)

(3) A: ဘာလူမျိုးလဲ။

B: _____ (ဗီယက်နမ်)

2 다음 대화를 완성하세요.

(1) A: မီဆိုက ဘာလူမျိုးလဲ။

B: _____ (ကိုရီးယား)

(2) A: ကျွန်တော့် နာမည် ထွန်းထွန်းပါ။

B: _____ (မြမြ)

(3) A: ထွန်းထွန်းက ကိုရီးယား လူမျိုးလား။

B: မဟုတ်ပါဘူး။ _____ (မြန်မာ)

연습문제

✎ **쓰기**

다음 문장을 미얀마어로 쓰세요.

(1) 안녕하세요.

_____

(2) 만나서 반갑습니다.

_____

(3) 어느 나라 사람이에요?

_____

(4) 저는 한국 사람이에요.

_____

(5) 저는 미얀마 사람이 아니에요.

_____

어휘

◆ 국가

မြန်မာ

만마

미얀마

ကိုရီးယား

꼬리:야:

한국

တရုတ်

따옷.

중국

ဂျပန်

즈빵

일본

သြစတြေးလျ

어쓰떼:리:야:

호주

အမေရိကန်

아메리깡

미국

ထိုင်း

타잉:

태국

ဗီယက်နမ်

비옉.낭

베트남

စင်ကာပူ

씽가뿌

싱가포르

ဂျာမနီ

자마니

독일

အင်္ဂလန်

잉글란

영국

ပြင်သစ်

쁘띵

프랑스

* 위의 국가명 뒤에 '나라'라는 뜻의  **နိုင်ငံ** 나잉앙을 붙여 말하기도 한다.

미얀마를 소개합니다

■ 미얀마의 인사법 ■

미얀마에서는 인사를 할 때 양손을 모아 가슴 높이에 두고 고개를 숙이며 မင်္ဂလာပါ 밍글라바라고 합니다. မင်္ဂလာပါ 밍글라바는 '안녕하세요', '좋은 일들이 가득하길 바라요'라는 의미의 인사말입니다. 좀 더 공손하게 표현할 때에는, 말 끝에, 여자에게는 ရှင် 신, 남자에게는 ခင်ဗျာ 카먀를 붙여, မင်္ဂလာပါရှင် 밍글라바신, မင်္ဂလာပါခင်ဗျာ 밍글라바카먀라고 말합니다. ရှင် 신과 ခင်ဗျာ 카먀는 완성된 문장의 끝에 덧붙여 사용하는 종결어미의 경어 표현입니다. 스님에게 인사할 때에는 양손을 모아 이마에 대고 바닥에 엎드려 절을 합니다.

▶ 미얀마의 인사법

▶ 팔짱을 끼고 인사하는 초등학생들

학교에서 학생들이 선생님께 인사를 할 때에는 팔짱을 끼고 고개를 숙여 인사합니다. 또한 윗사람과 대화할 때에도 팔짱을 낀 채 이야기를 듣습니다. 이 자세는 최대한 예의를 갖추어 경청하는 모습을 나타내는데, 이는 과거 미얀마가 영국의 식민 지배를 받았을 때, '나는 당신을 공격/위협할 수 없습니다.'라는 의미로, 영국 사람 앞에서 팔짱을 껴야 했던 데서 유래한 것입니다. 초·중·고등학교에서 학생이 선생님께 인사할 때 흔히 볼 수 있는 자세입니다.

02

ကျွန်မက ကျောင်းသူပါ။
저는 학생이에요.

ကိုထက်   မင်္ဂလာပါ။ မမီဆို။
밍글라바   마미소

မီဆို   မင်္ဂလာပါ။ မတွေ့တာ ကြာပြီ။
밍글라바   마뛔이.다   짜비

ကိုထက်   ဟုတ်ကဲ့။ မတွေ့တာ ကြာပြီ။ အခု ဘယ်မှာ နေတာလဲ။
훗께.   마뛔이.다   짜비   아쿠. 베마   네이다레:

မီဆို   ရန်ကုန်မှာပါ။
양곤흐마바

ကိုထက်   ဘာအလုပ် လုပ်နေလဲ။
바아룻.   룻.네이레:

မီဆို   ကျွန်မက ကျောင်းသူပါ။ အခု မြန်မာစာကို လေ့လာနေပါတယ်။
쯔마.가.   짜웅:뚜바   아쿠. 먄마싸고   레이.라네이바데

■■ 해석

꼬탓	안녕하세요? 미소 씨.
미소	안녕하세요? 오랜만이에요.
꼬탓	네. 오랜만이에요. 지금 어디에서 살아요?
미소	양곤에서 살아요.
꼬탓	무슨 일을 하고 있어요?
미소	저는 학생이에요. 지금 미얀마어를 공부하고 있어요.

■■ 새 단어

- တွေ့သည် 뚸이.디 만나다
- ကြာသည် 짜디 걸리다
- မတွေ့တာ ကြာပြီ 마뛰이.다 짜비 오랜만이에요
- အခု 아쿠 지금
- ဘယ်မှာ 베마 어디서
- နေသည်(နေထိုင်သည်) 네이디(네이타잉디) 살다
- ရန်ကုန် 양곤 양곤(미얀마의 도시)
- အလုပ် 아룻. 일
- လုပ်သည် 롯.디 하다
- အလုပ်လုပ်သည် 아룻.롯.디 일하다
- ကျောင်းသူ 짜웅:뚜 학생(여)
- ကျောင်းသား 짜웅:따: 학생(남)
- မြန်မာစာ 먄마싸 미얀마어
- လေ့လာသည် 레이.라디 공부하다

문법

01 명사 + ကို

ကို 고는 '～을/를'에 해당하는 목적격 조사이다. 명사 뒤에 붙여 사용하는데, 일상 대화에서는 생략 가능하다.

ငါ မင်းကို ချစ်တယ်။   나는 너를 사랑해요.
응아 밍:고   칫.데

ကိုရီးယား အစားအစာကို ကြိုက်လား။   한국 음식을 좋아하세요?
꼬리:야: 아싸:아싸고   짜익라:

မြန်မာနိုင်ငံကို ချစ်တယ်။   미얀마를 사랑해요.
만마나잉앙고   칫.데

02 동사 + ပါတယ်

ပါတယ် 바데는 '～ㅂ니다/습니다'에 해당하는 종결어미이다. '～아/어요'에 해당하는 တယ် 데 앞에 ပါ 바가 붙은 형태로, ပါ 바가 경어의 역할을 한다.

ကျေးဇူးတင်တယ်။   고마워요.
쩨이:주:띤.데

→ ကျေးဇူးတင်ပါတယ်။   고맙습니다.
쩨이:주:띤.바데

တောင်းပန်တယ်။   죄송해요.
따웅:빤데

→ တောင်းပန်ပါတယ်။   죄송합니다.
따웅:빤바데

새어휘 ချစ်သည် 칫.디 사랑하다, အစားအစာ 아싸:아싸 음식, ကြိုက်သည် 짜익.디 좋아하다, ကျေးဇူးတင်သည် 쩨이:주:띤디 감사하다, တောင်းပန်သည် 따웅:빤디 죄송하다

03 동사 + နေ

နေ 네이는 '~고 있다'라는 현재진행 시제를 나타내는 말로, 동사의 어간 뒤, 어말어미 앞에 붙여서 사용한다.

ကျွန်မ မြန်မာစာကို လေ့လာနေပါတယ်။
쯔마. 먄마싸고 레이.라네이바데
저는 미얀마어를 공부하고 있습니다.

ကိုထက်က ထမင်းစားနေပါတယ်။
꼬탓가. 타밍:싸:네이바데
꼬탓이 밥을 먹고 있습니다.

ညီလေးက စာအုပ်ကို ဖတ်နေပါတယ်။
니레:이가. 싸옷.고 팟.네이바데
동생이 책을 읽고 있습니다.

04 명사 + မှာ

မှာ 흐마는 '~에/에서'의 뜻으로, 장소를 나타내는 조사이다. 명사 뒤에 붙여서 사용한다.

ကျွန်မက မြန်မာမှာ နေပါတယ်။
쯔마.가. 먄마흐마 네이바데
저는 미얀마에 살고 있습니다.

ကျွန်တော်က ကိုရီးယား ကုမ္ပဏီမှာ အလုပ်လုပ်နေပါတယ်။
쯔너가. 꼬리:야: 꼼빠니흐마 아롯.롯.네이바데
저는 한국 회사에서 일하고 있습니다.

ကျွန်မ အိမ်မှာ ရှိပါတယ်။
쯔마. 에잉흐마 시.바데
저는 집에 있습니다.

새 어 휘 ထမင်းစားသည် 타밍:싸:디 밥을 먹다, ဖတ်သည် 팟.디 읽다, ကုမ္ပဏီ 꼼빠니 회사, အိမ် 에잉 집

🦻 듣기

1 발음을 듣고 따라 읽으세요.

🎧 02-2

(1) မတွေ့တာ ကြာပြီ။

(2) အခု

(3) ဘယ်မှာ

(4) ဘယ်မှာ နေလဲ။

(5) အလုပ်လုပ်သည်

(6) မြန်မာစာ

(7) လေ့လာနေပါတယ်။

(8) တွေ့သည်

(9) ဘာအလုပ် လုပ်လဲ။

2 문장을 듣고 내용과 관련된 그림을 고르세요.

🎧 02-3

(1) ⓐ

ⓑ

ⓒ

(2) ⓐ

ⓑ

ⓒ

💬 **말하기**

1 다음 질문에 보기와 같이 답하세요.

> | 보기 |
>
> A: အခု ဘယ်မှာ နေတာလဲ။
>
> B: <u>အခု ကိုရီးယားမှာ နေပါတယ်။</u>

(1) A: အခု ဘယ်မှာ နေတာလဲ။

   B: _____ (မြန်မာ)

(2) A: အခု ဘယ်မှာ နေတာလဲ။

   B: _____ (ရန်ကုန်)

(3) A: အခု ဘယ်မှာ နေတာလဲ။

   B: _____ (နေပြည်တော်)

2 다음 대화를 완성하세요.

(1) A: ဘာအလုပ် လုပ်လဲ။

   B: _____ (ကျောင်းသား/ကျောင်းသူ)

(2) A: အခု မြန်မာမှာ နေတာလား။

   B: _____ (ကိုရီးယား)

(3) A: မီဆိုက မြန်မာစာ လေ့လာနေတာလား။

   B: _____ (ဂျပန်)

연습문제

✏️ 쓰기

다음 문장을 미얀마어로 쓰세요.

(1) 오랜만이에요.

_____

(2) 지금 어디에서 살아요?

_____

(3) 저는 미국에서 살고 있습니다.

_____

(4) 무슨 일을 하세요?

_____

(5) 저는 학생이에요.

_____

어휘

◆ 직업

ဆရာ

세야

교사

ဆရာဝန်

세야원

의사

သူနာပြု

뚜나쀼.

간호사

ဒရိုင်ဘာ

다라이바

운전기사

ကျောင်းသူ/ကျောင်းသား

짜웅:뚜/짜웅:따:

학생(여/남)

ဝန်ထမ်း

원탄:

직원

အဆိုတော်

아소더

가수

သရုပ်ဆောင်

더욧.사웅

배우

ရှေ့နေ

셰이.네이

변호사

စကားပြန်

싸가뺜

통역사

ရဲ

예:

경찰

စီးပွားရေးလုပ်ငန်းရှင်

시:빠:예이:롯.응앙:신

사업가

미얀마를 소개합니다

■ 미얀마의 찻잎 샐러드, 랏팟똑 ■

미얀마는 찻잎(랏팟)을 즐겨 먹는 나라입니다. 녹차를 아침, 점심, 저녁 하루 종일 우려 마시기도 합니다. 미얀마 사람들이 즐겨 먹는 간식 중 하나는 '랏팟똑'이라는 찻잎 샐러드입니다. 랏팟똑은 찻잎을 주재료로 하여 얇게 썬 양배추와 마늘, 볶은 땅콩, 토마토, 말린 새우, 고추, 라임 등을 넣어 만든 샐러드입니다. 미얀마 사람이라면 안 좋아하는 사람이 없을 정도로 누구나 즐겨 먹는 간식이며, 반찬으로 먹기도 합니다. 입맛이 없을 때 랏팟똑에 밥을 비벼 먹기도 합니다.

▶ 랏팟똑

예부터 미얀마 사람들은 집에 손님이 오면 랏팟똑을 대접하는 문화가 있습니다. 그래서 랏팟똑은 결혼식이나 돌잔치 등에서 손님 접대 음식으로도 빠지지 않는 음식입니다. 이 랏팟똑이 녹차와 궁합이 잘 맞아 미얀마 사람들의 집에는 찻잎과 녹차가 늘 준비되어 있습니다.

미얀마 사람들은 랏팟을 넣은 음식이 건강에 좋을 뿐만 아니라 좋은 일이 이루어지게 한다고 믿습니다. 그러므로 중요한 일을 시작하기 전에 부처님이나 낫에게 랏팟을 공양하기도 합니다.

03

ဒီနေ့က ဘယ်နှရက်နေ့လဲ။
오늘이 며칠이에요?

회화

မင်းဟို   မမီမီ၊ ဒီနေ့က ဘယ်နှရက်နေ့လဲ။

마마미　디네이.가.　베네액.네이.레:

မီမီ   ၄လပိုင်း ၃ရက်နေ့ပါ။

레이:라.빠잉:　똔:액.네이.바

မင်းဟို   ကျွန်တော်တို့ ပိတ်ရက်က ဘယ်နေ့လဲ။

쯔너도.　뻬잇.액.가.　베네이.레:

မီမီ   ၄လပိုင်း ၁၂ရက်နေ့ကနေ ၁ရက်နေ့အထိပါ။

레이:라.빠잉:　세.흐닛액.네이.가.네이　세.싯액.네이.아티.바

မင်းဟို   ပိတ်ရက်မှာ ဘာလုပ်မှာလဲ။

뻬잇.액.흐마　바롯.흐마레:

မီမီ   မိသားစုနဲ့ ခရီးထွက်မှာပါ။

미.따:수.네.　카이:똑.흐마바

■■■ 해석

민호	미미 씨, 오늘이 며칠이에요?
미미	4월 3일이에요.
민호	우리 휴일은 언제예요?
미미	4월 12일부터 18일까지예요.
민호	휴일에 뭐 할 거예요?
미미	가족과 여행 갈 거예요.

■■■ 새 단어

□ **ဒီနေ့** 디네이. 오늘

□ **နေ့/ရက်** 네이./얙. 일

□ **လပိုင်း** 라.빠잉: 월

□ **ကျွန်တော်တို့** 쯔너도. 우리(남자가 말할 때)

□ **ကျွန်မတို့** 쯔마.도. 우리(여자가 말할 때)

□ **ပိတ်ရက်** 뻬잇.얙. 방학, 휴일

□ **မိသားစု** 미.따:수. 가족

□ **နဲ့** 네. ~와/과

□ **ခရီးထွက်သည်** 카이:툭.디 여행 가다

문법

01 동사 + မှာပါ

မှာပါ 흐마바는 '~할 거예요'라는 뜻의 미래형 평서문 종결어미이다. 동사 어간 뒤에 붙여 사용한다.

ပိတ်ရက်မှာ ခရီးထွက်မှာပါ။   방학에 여행 갈 거예요.
빼잇.액.흐마   카이:톡.흐마바

မနက်ဖြန် ကျောင်းသွားမှာပါ။   내일 학교에 갈 거예요.
마낵.퐌   짜웅:똬:흐마바

နောက်လ ကိုရီးယားကို ပြန်မှာပါ။   다음 달에 한국에 갈 거예요.
나욱.라.   꼬리:야:고   쁘얀흐마바

02 ဘာ + 동사 + မှာလဲ

ဘာ 바는 '무엇'이란 뜻의 의문사이다. 이 뒤에 '동사 + မှာလဲ 흐마레:' 형식을 쓰면 '무엇을 ~할 거예요?'라는 뜻이 된다. မှာလဲ 흐마레:는 의문사가 있는 의문문의 미래형 종결어미이다.

ညစာ ဘာစားမှာလဲ။   저녁 뭐 먹을 거예요?
냐.싸   바싸:흐마레:

မနက်ဖြန် ဘာလုပ်မှာလဲ။   내일 뭐 할 거예요?
마낵.퐌   바롯.흐마레:

ဘာသောက်မှာလဲ။   뭐 마실 거예요?
바따욱.흐마레:

새 어 휘 မနက်ဖြန် 마낵.퐌 내일, ကျောင်း 짜웅: 학교, နောက်လ 나욱.라. 다음 달, ညစာ 냐.싸 저녁 식사, စားသည် 싸:디 먹다, သောက်သည် 따욱.디 마시다

03   명사 + ကနေ + 명사 + အထိ

ကနေ 가.네이는 '부터/에서'라는 뜻이고, အထိ 아티.는 '까지'라는 뜻이다. 둘 다 명사 뒤에 사용하며, 시간과 장소 명사 둘 다 사용 가능하다.

မြန်မာကနေ ကိုရီးယားအထိ ၆နာရီကြာတယ်။
만마가.네이   꼬리:야:아티.   차웃.나이 짜데

미얀마에서 한국까지 6시간 걸려요.

၁ရက်နေ့ကနေ ၅ရက်နေ့အထိ ပိတ်ရက်ပါ။
따얙.네이.가.네이   응아:얙.네이.아티.   뻬잇.얙.바

1일부터 5일까지 휴일입니다.

ကျွန်မက မနက်၅နာရီကနေ ၆နာရီအထိ စာလုပ်တယ်။
쯔마.가.   마냑.응아:나이가.네이   차웃.나이아티.   싸롯.데

제가 아침 5시부터 6시까지 공부해요.

04   ဘယ်နှ + 단위 + လဲ

ဘယ်နှ 베네는 '몇'이란 뜻의 의문사로 수를 물을 때 사용한다. 뒤에는 단위를 나타내는 명사가 오며, 문장 끝에는 의문사 의문문 종결어미 လဲ 레:를 붙인다.

ဆိုင် ဘယ်နှဆိုင်လဲ။
사인   베네사인레:

가게가 몇 개(가게)예요? (가게를 세는 단위도 '가게')

ပန်းသီး ဘယ်နှလုံးလဲ။
빤:띠: 베네롱:레:

사과가 몇 개예요?

ဒီနေ့က ဘယ်နှရက်နေ့လဲ။
디네이.가   베네얙.네이.레:

오늘이 며칠이에요?

새 어 휘 ကြာသည် 짜디 걸리다. စာလုပ်သည် 싸롯.디 공부하다. ဆိုင် 사인 가게. ပန်းသီး 빤:띠: 사과

연습문제 * 연습문제의 어휘는 〈어휘〉 파트를 참고하세요.

듣기

1 발음을 듣고 따라 읽으세요. 03-2

(1) ဘယ်နရက်နေ့လဲ။ (2) ၄လပိုင်း (3) ၅ရက်နေ့
(4) ပိတ်ရက် (5) ခရီးထွက်သည် (6) မိသားစု
(7) ဘာလုပ်မှာလဲ။ (8) ကျွန်တော်တို့ (9) ကျွန်မတို့

2 문장을 듣고 내용과 일치하는 날짜를 고르세요. 03-3

(1) ⓐ 4월 13일 ⓑ 4월 11일 ⓒ 4월 18일
(2) ⓐ 5월 5일 ⓑ 5월 8일 ⓒ 5월 9일
(3) ⓐ 2월 26일 ⓑ 11월 5일 ⓒ 6월 26일

💬 말하기

1 다음 질문에 보기와 같이 답하세요.

| 보기 |

A: ပွဲတော်က ဘယ်နေ့လဲ။

B: ၃ရက်နေ့ကနေ ၅ရက်နေ့အထိပါ။

(1) A: ပိတ်ရက်က ဘယ်နေ့လဲ။

B: _____ (၅ရက်နေ့ ~ ၇ရက်နေ့)

(2) A: စာမေးပွဲက ဘယ်နေ့လဲ။

B: _____ (၁ရက်နေ့ ~ ၃ရက်နေ့)

(3) A: မြန်မာမှာ ဘယ်နှရက်နေ့ကနေ ဘယ်နှရက်နေ့အထိ ရှိမှာလဲ။

B: _____ (၁လပိုင်း ၅ရက်နေ့ ~ ၂၀ရက်နေ့)

2 다음 대화를 완성하세요.

(1) A: ပိတ်ရက်မှာ ဘာလုပ်မှာလဲ။

B: _____ (ခရီးထွက်သည်)

(2) A: မနက်စာ ဘာစားမှာလဲ။

B: _____ (ခေါက်ဆွဲ)

(3) A: မြန်မာမှာ ဘယ်နှရက်နေမှာလဲ။

B: _____ (၁၀ရက်)

새 어 휘 ပွဲတော် ㅃ웨:더 축제, စာမေးပွဲ 싸메이:ㅃ웨 시험, ခေါက်ဆွဲ 카우.쉐 국수

연습문제

📝 **쓰기**

다음 문장을 미얀마어로 쓰세요.

(1) 오늘이 며칠이에요?

_____

(2) 휴일은 언제예요?

_____

(3) 4월 12일부터 18일까지예요.

_____

(4) 휴일에 뭐 할 거예요?

_____

(5) 가족과 여행 갈 거예요.

_____

어휘

◆ 숫자　　　　　　　　　　　　　　　　　　　　　🎧 03-4

၀	၁	၂	၃	၄
똥냐.	띳.	닛.	똔:	레이:
0	1	2	3	4
၅	၆	၇	၈	၉
응아:	차웃.	크닛.	싯.	꼬:
5	6	7	8	9
၁၀	၁၁	၁၂	၁၃	၁၄
따세	셋.띳.	셋.닛.	셋.똔:	셋.레이:
10	11	12	13	14
၁၅	၂၀	၃၀	၄၀	၅၀
세.응아:	네세	똔:세	레이:세	응아:세
15	20	30	40	50
၆၀	၇၀	၈၀	၉၀	၁၀၀
차웃.세	크네세	싯.세	꼬:세	따야
60	70	80	90	100

미얀마를 소개합니다

■ 띤잔 축제(물 축제) ■

띤잔은 미얀마의 설날입니다. 띤잔 축제는 미얀마의 대축제 중 하나이며, 미얀마의 남녀노소 모두가 즐겨 참여하는 축제입니다. 띤잔 축제는 일반적으로 4월 13일부터 16일까지 4일간 진행되며, 축제 기간 동안 서로가 서로에게 시원한 물을 뿌리며 1년 내내 가지고 있던 더러운 기운을 씻어내 줍니다. 새해를 깨끗하게 맞이하여 일년 내내 많은 복이 들어오기를 기원하는 의미가 담겨 있습니다. 물놀이를 하면서 지나가는 사람들에게 음식을 베풀기도 하는데, 주로 미얀마 설날에 먹는 떡을 나누어 줍니다. 오전에는 물을 뿌리며 축제를 즐기고 저녁에는 띤잔 춤 공연을 비롯한 여러 가지 공연을 즐길 수 있습니다.

띤잔 기간에는 사람들이 절이나 사원에 가서 기부도 많이 하고, 거짓말이나 나쁜 말과 행동을 삼가고 선행을 베풀려고 노력합니다. 양로원에 가서 봉사를 하기도 합니다. 띤잔 때만 피는 '빠다욱빤'이라고 하는 노란 꽃을 띤잔 꽃이라고도 하는데, 남자들이 자기가 좋아하는 여자에게 띤잔 꽃을 주면서 고백을 하기도 합니다.

04

ဒါက ဘာလဲ။
이것이 뭐예요?

မင်းဟို   ဒါက ဘာလဲ။

다가.   바레:

မီမီ   ဒါက သရက်သီးပါ။

다가.   따액:띠:바

မင်းဟို   ဟိုးဟာက ဘာလဲ။

호:하가.   바레:

မီမီ   ဟိုးဟာလား။ ဟိုးဟာက နဂါးမောက်သီးပါ။

호:하라: 호:하가.   나가마욱띠:바

မင်းဟို   အသီးတွေ ပေါလိုက်တာ။ ဘယ်လို ရောင်းလဲ။ ဈေးကြီးလား။

아띠: 뒈이   뻐:라익따   베로   야웅:레   제이:찌:라:

မီမီ   မကြီးပါဘူး။ ၁လုံးကို ၁၀၀၀ကျပါတယ်။

마찌:바부: 세롱:고   따타웅 짜.바데

민호	이게 뭐예요?
미미	이건 망고예요.
민호	저것은 뭐예요?
미미	저거요? 저것은 용과예요.
민호	과일들이 많네요. 어떻게 팔아요? 비싸요?
미미	안 비싸요. 10개에 1000(짯)이에요.

새 단어

□ ဒါ 다 이것	□ ဘယ်လို 베로 어떻게
□ သရက်သီး 따약.띠: 망고	□ ရောင်းသည် 야웅:디 팔다
□ ဟိုးဟာ 호:하 저것	□ ဈေးကြီးသည် 제이:찌:디 비싸다
□ နဂါးမောက်သီး 나가마욱띠: 용과	(ဈေး(가격) + ကြီးသည်(크다)의 구조)
□ အသီး 아띠: 과일	□ ၁၀လုံး 세롱: 10개
□ ပေါ(များ)သည် 뻐:(먀:)디 많다	□ ∼ကို ∼고 ∼에, ∼을/를
□ လိုက်တာ 라익.따 ∼네요(종결어미)	□ ကျ(သင့်)သည် 짜.(띤.)디 비용이 들다

문법

01 ဒီ, ဟို, ဟိုး

ဒီ 디는 바로 앞에서 이야기한 대상 또는 말하는 이와 가까이 있는 대상을 가리키며, 한국어의 '이'와 같다. ဟို 호는 듣는 이에게 가까이 있거나 듣는 이가 생각하고 있는 대상을 가리키며, 한국어의 '그'와 같다. ဟိုး 호:는 말하는 이와 듣는 이 모두로부터 멀리 있는 대상을 가리키며, 한국어의 '저'와 같다. ဒီ, ဟို, ဟိုး 뒤에 ဟာ 하를 붙여 ဒီဟာ, ဟိုဟာ, ဟိုးဟာ라고 하면 각각 '이것', '그것', '저것'이 된다. ဒီဟာ와 같은 말로, ဒါ 다를 쓰기도 한다.

ဒါက ဘာလဲ။ 이것이 뭐예요?
다가.`   바레:

ဟိုစာအုပ်ကို ပေးပါ။   그 책을 주세요.
호싸옷.고   뻬이:바

ဟိုးဟာ ဘာလဲ။   저것이 뭐예요?
호:하   바레:

02 ဘယ်လို

ဘယ်လို 베로는 '어떤', '어떻게'라는 뜻의 의문사로, 수단이나 방법을 물을 수 있다. 명사 앞에서는 '어떤', 동사 앞에서는 '어떻게'의 뜻이 된다. လဲ 레:는 의문사 의문문 종결어미이다.

> ဘယ်လို + 명사 + လဲ။ 어떤 (명사)예요?
> ဘယ်လို + 동사 + လဲ။ 어떻게 (동사)해요?

ဘယ်လို ဇာတ်ကားလဲ။   어떤 영화예요?
베로   잣.까:레:

ဒီဟာ ဘယ်လို ရောင်းလဲ။   이것은 어떻게 팔아요?
디하   베로   야웅:레:

ပန်ကာကို ဘယ်လို ဖွင့်လဲ။   선풍기를 어떻게 틀어요?
빤까고   베로   풰인.레:

🆕어휘 ပေးသည် 뻬이:디 주다, ဇာတ်ကား 잣.까: 영화, ပန်ကာ 빤까 선풍기, ဖွင့်သည် 풰인.디 틀다

03 မ + 동사/형용사 + ဘူး

'~지 않다'라는 부정 표현은 동사나 형용사의 앞에 မ 마를, 뒤에 ဘူး 부:를 붙여 나타낸다.

ကျွန်တော် ပန်းသီးကို မကြိုက်ဘူး။   저는 사과를 안 좋아해요.
쩌너   빤:디:고   마짜익.부:

ဒီပန်းချီကားက မလှဘူး။   이 그림은 예쁘지 않아요.
디바치까:가.   마흘라.부:

အမေက အမဲသား မစားဘူး။   엄마가 소고기를 안 먹어요.
아메이가.   아메:따: 마싸:부:

04 명사 + တွေ

တွေ 뒈이는 '~들'의 의미로 명사의 복수형 접미사이다.

ရုပ်ရှင်ရုံထဲမှာ လူတွေ ပြည့်နေတယ်။   극장에 사람들이 꽉 찼어요.
욧.신욘테:흐마   루뒈이   뼤이.네이데

ဖတ်စရာ စာအုပ်တွေ များတယ်။   읽을 책들이 많아요.
팟.사야   싸옷.뒈이   먀:데

ကျောင်းသားတွေ စာကြည့်နေကြတယ်။   학생들이 공부하고 있어요.
짜웅:따:뒈이   싸찌.네이자.데

🔵새 🔴어 🔵휘   **ပန်းချီကား** 바치까: 그림. **လှသည်** 흘라.디 예쁘다. **အမဲသား** 아메:따: 소고기. **ရုပ်ရှင်ရုံ** 욧.신욘 영화관. 극장
ပြည့်သည် 뼤이.디 가득차다. **စာကြည့်သည်** 싸찌.디 공부하다

듣기

1 발음을 듣고 따라 읽으세요. 04-2

(1) ဒီဟာ (2) ဟိုဟာ (3) ဟိုးဟာ

(4) ဘာလဲ။ (5) သရက်သီး (6) နဂါးမောက်သီး

(7) ဈေးကြီးလား။ (8) အသီး (9) ပေါသည်

2 문장을 듣고 내용과 관련된 그림을 고르세요. 04-3

(1) ⓐ  ⓑ  ⓒ

(2) ⓐ  ⓑ  ⓒ

💬 **말하기**

1 다음 질문에 보기와 같이 답하세요.

> | 보기 |
> A: သရက်သီး ဘယ်လို ရောင်းလဲ။
> B: သရက်သီးက ၁လုံးကို ၅၀၀ပါ။

(1) A: ပန်းသီး ဘယ်လို ရောင်းလဲ။

　　 B: ＿＿＿＿＿＿＿＿＿＿＿＿＿＿＿＿＿＿＿＿＿ (၁၀လုံး, ၁၀၀၀)

(2) A: ငှက်ပျောသီး ဘယ်လို ရောင်းလဲ။

　　 B: ＿＿＿＿＿＿＿＿＿＿＿＿＿＿＿＿＿＿＿＿＿ (၁ဖီး, ၇၅၀)

(3) A: သစ်တော်သီး ဘယ်လို ရောင်းလဲ။

　　 B: ＿＿＿＿＿＿＿＿＿＿＿＿＿＿＿＿＿＿＿＿＿ (၁လုံး, ၃၀၀)

2 다음 대화를 완성하세요.

(1) A: ဒီစာအုပ်က ဘာလဲ။

　　 B: ＿＿＿＿＿＿＿＿＿＿＿＿＿＿＿＿＿＿＿＿＿ (မြန်မာစာအုပ်)

(2) A: ဟိုဟာက ဘာလဲ။

　　 B: ＿＿＿＿＿＿＿＿＿＿＿＿＿＿＿＿＿＿＿＿＿ (မင်းကွတ်သီး)

(3) A: ဒီအသီးက ဈေးကြီးလား။

　　 B: ＿＿＿＿＿＿＿＿＿＿＿＿＿＿＿＿＿＿＿＿＿ (ကြီးသည်의 부정)

연습문제

📝 **쓰기**

다음 문장을 미얀마어로 쓰세요.

(1) 이것이 뭐예요?

_____

(2) 저것이 뭐예요?

_____

(3) 사과는 어떻게 팔아요?

_____

(4) 사과가 비싸요.

_____

(5) 사과가 비싸지 않아요.

_____

어휘

◆ 과일 🎧 04-4

ပန်းသီး

빤:띠:

사과

သရက်သီး

따액.띠:

망고

ငှက်ပျောသီး

응액.뼤:띠:

바나나

ဖရဲသီး

프예:띠:

수박

သစ်တော်သီး

띳.떠띠:

배

လိမ္မော်သီး

레인머띠:

오렌지

စတော်ဘယ်ရီသီး

쓰떠베리띠:

딸기

သဘော်သီး

띤:버:띠:

파파야

နာနတ်သီး

나낫.띠:

파인애플

စပျစ်သီး

스빗.띠:

포도

မင်းကွတ်သီး

민:굿.띠:

망고스틴

တည်သီး

떼띠:

감

미얀마를 소개합니다

■ 우베인 다리(U Bein Bridge) ■

우베인 다리는 미얀마 아마라뿌라 시의 따웅따만 호수를 가로지르는 약 1.2km 길이의 목조 다리입니다. 물에 강한 티크 원목을 사용하여 만들어졌으며, 세계에서 가장 긴 목조 다리입니다. 이 다리는 약 150년 전 우베인이라는 만달레이 시장이 건설하여 현재까지 사용되고 있습니다.

미얀마 중부 도시 만달레이의 대표적인 관광지인 우베인 다리는 일출과 석양이 아름답기로 유명하여 전 세계의 사진 작가들에게 인기가 많은 곳입니다. 또한, 커플이 같이 손을 잡고 다리를 끝까지 건너면 영원히 헤어지지 않는다는 전설이 있어, 커플들 사이에서도 인기가 높은 곳이기도 합니다.

아침, 저녁에 우베인 다리 위로 스님, 직장인, 일반 사람 등 수많은 인파가 줄을 지어 출퇴근하며 걷는 모습 또한 장관입니다. 우베인 다리의 먹을 거리로 현지에서 재배되는 코코넛이 유명합니다. 사람들은 종종 긴 우베인 다리를 걷고 난 후 밀려오는 피로감을 코코넛 주스를 마시며 풀기도 합니다. 여기에 미얀마식 튀김까지 곁들이면 그 궁합이 더할 나위가 없습니다.

05

ကော်ဖီတစ်ခွက် ပေးပါ။

커피 한 잔 주세요.

회화

🎧 05-1

စားပွဲထိုး　မင်္ဂလာပါ။ ဘာသောက်ကြမလဲ။

　　　　　밍글라바　　　　바따욱.자.마레:

မိမိ　ကော်ဖီတစ်ခွက် ပေးပါ။

　　　　　꺼피따콱.　　　　　　뻬이:바

စားပွဲထိုး　အစ်ကိုရော ဘာမှာမလဲ။

　　　　　아꼬여:　　　　　바흐마마레:

မင်းဟို　ရှမ်းခေါက်ဆွဲ ရှိလား။ တစ်ပွဲပေးပါ။

　　　　　샨:카욱.쉐:　　　시.라:　　다뿨:뻬이:바

စားပွဲထိုး　ရှမ်းခေါက်ဆွဲက မရှိတော့ဘူး။ ကုန်သွားပြီ။

　　　　　샨:카욱.쉐:가.　　　마시.더.부:　　　　꼰똬:비

မင်းဟို　ဟုတ်လား။ အဲဒါဆိုလည်း လက်ဖက်ရည်ပဲ ပေးပါ။

　　　　　훗라:　　　　　에다소레:　　　　랙.팩.이베:　　　　　뻬이:바

종업원 안녕하세요. 뭐 마시겠습니까?

미미 커피 한 잔 주세요.

종업원 형은 뭐 시키시겠습니까?

민호 샨국수 있어요? 하나 주세요.

종업원 샨국수는 없어요. 떨어졌어요.

민호 그래요? 그러면 홍차만 주세요.

■■■ 새 단어

□ **စားပွဲထိုး** 싸뿼에이:토: 종업원

□ **သောက်သည်** 따욱.디 마시다

□ **ကော်ဖီ** 꺼피 커피

□ **အစ်ကို** 아꼬 형/오빠

□ **မှာ(ယူ)သည်** 흐마(유)디 주문하다, 시키다

□ **ခေါက်ဆွဲ** 카욱.쉐: 국수

□ **ရှမ်းခေါက်ဆွဲ** 산:카욱.쉐: 샨국수

□ **ရှိသည်** 시.디 있다

□ **ကုန်သည်** 꼰디 다 팔렸다, 다 썼다

□ **လက်ဖက်ရည်** 랙.팩.이 홍차(밀크티)

□ **ပေးသည်** 뻬이:디 주다

□ **ပဲ** 베: ~만

문법

01 동사 + ပါ

ပါ 바가 명사 뒤에 붙으면 '이다'의 뜻이 된다는 것은 앞에서 배웠다. 이 ပါ 바를 동사의 어간 뒤에 붙이면 '~(으)세요'라는 명령이나 요청을 나타내는 종결어미가 된다.

ဒီမှာ ထိုင်ပါ။   여기에 앉으세요.
디흐마   타잉바

ကော်ဖီတစ်ခွက် ပေးပါ။   커피 한 잔 주세요.
꺼피 따콱.   뻬이:바

ကျောင်းကို လာပါ။   학교로 오세요.
짜웅:고   라바

02 မ + 동사 + ပါနဲ့

동사의 어간 앞과 뒤에 각각 မ 마와 ပါနဲ့ 바네.를 붙이면 '~지 마세요'라는 금지의 의미를 나타낸다.

ဆေးလိပ် မသောက်ပါနဲ့။   담배를 피우지 마세요.
세이:레잇   마따욱.바네.

အသံ ကျယ်ကျယ် မပြောပါနဲ့။   소리를 크게 말하지 마세요.
아딴   쩨쩨   마뼈:바네.

မလုပ်ပါနဲ့။   하지 마세요.
마롯.바네.

🔵새🔵어🔵휘 **ထိုင်သည်** 타잉디 앉다. **လာသည်** 라디 오다. **ဆေးလိပ်** 세이:레잇 담배. **ဆေးလိပ် သောက်သည်** 세이:레잇 따욱.디 담배 피우다.
အသံ 아딴 소리. **ကျယ်ကျယ်** 쩨쩨 크게. **ပြောသည်** 뼈:디 말하다

03 동사 + ပြီ

ပြီ 비는 '이미', '벌써'라는 뜻이 내포된 말로, 이미 끝났거나 지나간 일을 말할 때 쓰는 종결어미이다. 어떤 동작이 막 일어났거나 또는 과거의 동작이 현재까지 이어지고 있음을 나타낸다.

ခေါက်ဆွဲက ကုန်သွားပြီ။   국수가 (다 팔려서) 떨어졌어요.
카욱.쉐:가.   꼰똬:비

ရထား လာပြီ။   기차가 왔어요.
야타: 라비

အတန်း ဆင်းပြီ။   수업이 끝났어요.
아딴: 신:비

04 동사 + ကြ

주어가 여럿(복수)일 때, 동사가 복수 주어에 의한 행동임을 나타내기 위해 동사의 어간과 종결어미 사이에 ကြ 자.를 붙인다. 동사에 ကြ 자.가 있으면 주어가 복수임을 알 수 있다.

အစ်မတို့ ဘာသောက်ကြမလဲ။   언니들 뭐 마실래요?
아마.도.   바따욱.자.마레:

မိန်းကလေးတွေ ကနေကြတယ်။   여자들이 춤추고 있어요.
메인:까레이:뒈이   까.네이자.데

ကလေးတွေ ကစားနေကြတယ်။   애들이 놀고 있어요.
까레이:뒈이   까싸:네이자.데

새 어 휘   **ရထား** 야타: 기차,   **အတန်းဆင်းသည်** 아딴:신:디 수업이 끝나다,   **မိန်းကလေးတွေ** 메인:까레이:뒈이 여자들,

    ကသည် 까.디 춤추다,   **ကလေးတွေ** 까레이:뒈이 아이들,   **ကစားသည်** 까싸:디 놀다

🔊 듣기

1 발음을 듣고 따라 읽으세요.　　　　　　　　　　　🎧 05-2

(1) ဘာသောက်ကြမလဲ။　　(2) ဘာမှာမလဲ။　　(3) အစ်ကိုရေ

(4) လက်ဖက်ရည်　　(5) ကော်ဖီ　　(6) ခေါက်ဆွဲ

(7) မရှိတော့ဘူး။　　(8) ကုန်သွားပြီ။　　(9) ကော်ဖီပဲပေးပါ။

2 문장을 듣고 내용과 관련된 그림을 고르세요.　　　　🎧 05-3

(1) ⓐ　　　　　　ⓑ　　　　　　ⓒ

(2) ⓐ　　　　　　ⓑ　　　　　　ⓒ

말하기

1 보기의 단어를 사용하여 다음 질문에 답하세요.

| 보기 |

ခွက်   ပွဲ   ဘူး

(1) A: အစ်ကို ဘာမှာမလဲ။

   B: _____ (1 လက်ဖက်ရည်)

(2) A: အစ်မ ဘာမှာမလဲ။

   B: _____ (1 ခေါက်ဆွဲ)

(3) A: အစ်ကို ဘာမှာမလဲ။

   B: _____ (1 ရေသန့်)

2 다음 대화를 완성하세요.

(1) A: ကျောင်းသားတွေ ဘာလုပ်နေကြတာလဲ။

   B: _____ (မြန်မာစာ လေ့လာသည်)

(2) A: ကလေးတွေ ဘာလုပ်နေကြတာလဲ။

   B: _____ (ကစားသည်)

(3) A: မိန်းကလေးတွေ ဘာလုပ်နေကြတာလဲ။

   B: _____ (ကသည်)

📝 쓰기

다음 문장을 미얀마어로 쓰세요.

(1) 학생들이 공부하고 있어요.

_____

(2) 여기서 담배를 피우지 마세요.

_____

(3) 앉으세요. 뭐 마실래요?

_____

(4) 언니/누나 뭐 시킬래요?

_____

(5) 국수 한 그릇 주세요.

_____

어휘

◆ 단위

ယောက် 야욱.	명
လုံး 롱:	개(병 또는 과일이나 공 등 동그란 물건)
ခု 쿠.	개(과자)
ကောင် 까웅	마리
ပွဲ 뿨:	인분
ပန်းကန် 바간	접시(그릇)
ခွက် 콱.	컵
ရံ 양	켤레
စုံ 쏜	세트
ထည် 테	벌(옷)
ချောင်း 차웅:	개(볼펜이나 연필, 우산 등 긴 물건)
ခေါက်/ခါ 카욱./카	번

미얀마를 소개합니다

■ 신뷰 의식 ■

미얀마는 불교 나라이기 때문에 일상 생활을 포함하여 문화 전반에 불교의 영향을 많이 받습니다. 대표적으로, 미얀마의 남성들은 일생에 한 번은 출가하여 승려 생활을 하게 되는데, 남성들의 이 단기 출가 의식을 가리켜 '신뷰 의식'이라고 합니다. 미얀마에서는 이 의식을 치러야 성인이 된다고 생각하여 이를 성인식이라고 부르기도 합니다. 신뷰 의식은 보통 2박 3일 동안 진행되며, 미얀마 사람들이 가장 중요하게 여기는 큰 행사 중 하나입니다. 이 의식은 미얀마의 설날이 있는 4월에

가장 많이 진행하는데, 이는 승려 생활을 하며 새해를 깨끗하게 맞이하라는 의미입니다.

신뷰 의식은 부처님이 왕위를 버리고 출가하는 모습을 재연합니다. 성인식을 치를 소년들은 화려한 의상을 차려 입고 곱게 화장을 하는데, 이는 부처가 출가하기 전 왕자 신분이었기 때문에 그 모습을 상징적으로 표현한 것입니다. 의식은 화려한 의상을 입은 여성들이 스님에게 바칠 꽃을 들고 지나가며 시작됩니다. 긴 행렬 뒤에 성인식을 치를 소년들이 왕자의 의상을 입고 말이나 코끼리를 타고 동네 한 바퀴를 돌고 난 후 승려 체험을 하게 될 곳(사찰)으로 갑니다. 사찰에 도착하면 대중공양을 한 뒤 수련 기간 동안 스님으로서 지켜야 할 계율에 서약을 한 후 탁발이 진행됩니다. 탁발을 마치면 발우(스님의 밥그릇)를 받고 옷을 갈아입은 후 본격적으로 사찰 생활을 시작하게 됩니다. 수행 기간은 1~6개월 정도이며, 수행이 끝나면 일상으로 돌아가거나 그대로 승려가 되는 사람도 있습니다.

여자 아이들은 귀를 뚫음으로써 성인식을 대체하는데 이 의식을 '나따 의식'이라고 합니다. 보통 남자 아이가 신뷰 의식을 할 때 같이 하는 경우가 많습니다.

06

မနေ့က ဘာလုပ်ခဲ့လဲ။
어제 뭐 했어요?

회화

မင်းဟို။ မနေ့က ဘာလုပ်ခဲ့လဲ။

민호   마네이.가.   바롯.케.레:

မင်းဟို   ကျွန်တော် မနေ့က ဆေးရုံ သွားခဲ့ရတယ်။

쯔너   마네이.가.   세이:윤   똬:케.야.데

ဟယ်။ ဟုတ်လား။ ဘာဖြစ်လို့လဲ။

헤   훗.라: 바폐잇.로.레:

မင်းဟို   ဗိုက်နာလို့ပါ။

바익.나로.바

အခုရော သက်သာရဲ့လား။

아쿠.여: 땍.따예.라:

မင်းဟို   ဟုတ်ကွဲ။ မနေ့က ဆေးရုံသွားပြီး ဆရာဝန်ပေးတဲ့ ဆေး

훗.깨.   마네이.가.   세이:윤똬:삐: 세야원뻬이:데.   세이:

သောက်လိုက်တာ ကောင်းသွားပါပြီ။

따욱.라익.다   까웅:똬:바비

해석

미미 민호 씨, 어제 뭐 했어요?

민호 저 어제 병원에 갔어요.

미미 어머, 그래요? 왜요?

민호 배가 아파서요.

미미 지금은 괜찮아요?

민호 네. 어제 병원에 가서 의사 선생님이 주신 약을 먹었더니 좋아졌어요.

새 단어

- □ မနေ့က 마네이.가. 어제
- □ ဆေးရုံ 세이:욘 병원
- □ သွားသည် 똬:디 가다
- □ ဘာဖြစ်လို့လဲ 바폐잇.로.레: 왜
- □ ဗိုက် 바익. 배
- □ နာသည် 나디 아프다
- □ သက်သာသည် 땍.따디 (병이) 낫다, 괜찮다
- □ ဆရာဝန် 세야원 의사
- □ ပေးသည် 뻬이:디 주다
- □ ဆေး 세이: 약
- □ သောက်သည် 따웃.디 마시다, (약을) 먹다
- □ ကောင်းသည် 까웅:디 좋다

문법

01 동사/형용사 + ခဲ့

ခဲ့ 케.는 말하는 시점을 기준으로 지나간 일이나 상태, 즉 과거 시제를 나타낼 때 사용한다. 동사나 형용사에 붙여 사용한다.

မနေ့က ရုပ်ရှင်ကြည့်ခဲ့တယ်။　　어제 영화를 봤어요.
마네이.가.　　욧신찌.케.데

ပြီးခဲ့တဲ့ နှစ်က မြန်မာကို သွားခဲ့တယ်။　　작년에 미얀마에 갔어요.
삐:케.데.　　흐닛.가.　　먄마고　　똬:케.데

မနေ့က တစ်နေကုန် မိုးရွာခဲ့တယ်။　　어제 하루 종일 비가 왔어요.
마네이.가.　　따네이꼰　　모:유와케.데

02 동사/형용사 + တဲ့

တဲ့ 데.는 동사나 형용사가 명사를 수식할 때 붙이는 관형사형 어미이며 시제에 따라 형태가 달라진다. 한국어 '~ㄴ', '~는', '~던', '~ㄹ' 등의 의미가 된다.

> 현재: 동사/형용사 + တဲ့ 데.
> 과거: 동사/형용사 + ခဲ့တဲ့ 케.데.
> 미래: 동사/형용사 + မယ့် 메.

ဈေးမှာ အရသာရှိတဲ့ အသီးတွေ ပေါတယ်။　　시장에 맛있는 과일이 많아요.
제이:흐마　　아야.따시.데.　　아띠:뒈이　　빠:데

မနေ့က နင် ဖတ်ခဲ့တဲ့ စာအုပ်နာမည်က ဘာလဲ။　　어제 네가 읽은 책 제목이 뭐야?
마네이.가.　　닌　　팟.케.데.　　싸옷.나매가　　바레:

မနက်ဖြန် သွားမယ့် နေရာက ကမ်းခြေလား။　　내일 갈 곳은 바닷가예요?
마낵.퓐　　똬:메.　　네이야가.　　깐:체이라:

🆕 🈁 🉐 မိုးရွာသည် 모:유와디 비 오다, ဈေး 제이: 시장, အရသာရှိသည် 아야.따시.디 맛있다, အသီး 아띠: 과일,

နေရာ 네이야 곳/장소, ကမ်းခြေ 깐:체이 바닷가

03   동사/형용사 + လို့

လို့ 로.는 '~아/어서'라는 뜻의 원인이나 이유, 근거를 나타내는 연결어미로, 동사나 형용사 뒤에 붙여 사용한다.

ဗိုက်နာလို့ ဆေးရုံ သွားခဲ့တယ်။   배 아파서 병원에 갔어요.
바익.나로.   세이:욘   똬:케.데

သံပုရာသီးက ချဉ်လို့ မကြိုက်ဘူး။   라임이 셔서 안 좋아해요.
딴쁘야띠:가.   친로.   마짜익부:

ရာသီဥတု ပူလို့ ပင်ပန်းတယ်။   날씨가 더워서 힘들어요.
야디우.두   뿌로.   삔빤:데

04   동사/형용사 + လို့ပါ

လို့ပါ 로.바는 원인이나 이유를 나타내는 연결어미 လို့ 로.와 종결어미 ပါ 바가 합쳐진 형태로, '~아/어서요'라는 뜻이다.

A: ဘာလို့ အပြင် မသွားတာလဲ။   왜 밖에 안 나가요?
바로.   아쁘인   마똬:다레:

B: မိုးရွာနေလို့ပါ။   비가 오고 있어서요.
모:유와네이로.바

A: ဘာလို့ ခရီးမထွက်တာလဲ။   왜 여행을 안 가요?
바로.   카이:마툭.다레:

B: အလုပ်များနေလို့ပါ။   일이 바빠서요.
아롯.먀:네이로.바

🔵새🔵어🔵휘 သံပုရာသီး 딴쁘야띠: 라임, ချဉ်သည် 친디 시다, ရာသီဥတု 야디우.두. 날씨, ပူသည် 뿌디 덥다, ပင်ပန်းသည် 삔빤:디 힘들다,
အပြင် 아쁘인 밖, အလုပ်များသည် 아롯.먀:디 바쁘다

06 어제 뭐 했어요?   **77**

연습문제 * 연습문제의 어휘는 〈어휘〉 파트를 참고하세요.

듣기

1 발음을 듣고 따라 읽으세요. 🎧 06-2

(1) မနေ့က
(2) ဆေးရုံ
(3) သွားသည်
(4) ဘာဖြစ်လို့လဲ။
(5) ပိုက်နာလို့ပါ။
(6) အခု
(7) ဆရာဝန်
(8) ဆေးသောက်သည်
(9) ကောင်းသွားပါပြီ။

2 문장을 듣고 내용과 관련된 그림을 고르세요. 🎧 06-3

(1) ⓐ  ⓑ ⓒ

(2) ⓐ  ⓑ  ⓒ

🗨 말하기

1 다음 질문에 보기와 같이 답하세요.

> | 보기 |
>
> A: မနေ့က ဘာလုပ်ခဲ့လဲ။
>
> B: <u>မနေ့က ဆေးရုံ သွားခဲ့တယ်။</u>

(1) A: မနေ့က ဘာလုပ်ခဲ့လဲ။

　　B: _____ (ရုပ်ရှင်ကြည့်သည်)

(2) A: မနေ့က ဘာလုပ်ခဲ့လဲ။

　　B: _____ (ဈေးသွားသည်)

(3) A: မနေ့က ဘာလုပ်ခဲ့လဲ။

　　B: _____ (မြန်မာစာ လေ့လာသည်)

2 다음 대화를 완성하세요.

(1) A: မနေ့က ဘာလို့ ဆေးရုံ သွားခဲ့တာလဲ။

　　B: _____ (ဗိုက်နာသည်)

(2) A: ဘာလို့ ကျောင်းမသွားတာလဲ။

　　B: _____ (ခေါင်းကိုက်သည်)

(3) A: ဘာလို့ မြန်မာစာကို လေ့လာတာလဲ။

　　B: _____ (မြန်မာစာကို ကြိုက်သည်)

연습문제

📝 **쓰기**

다음 문장을 미얀마어로 쓰세요.

(1) 어제 뭐 했어요?

_____

(2) 어제 병원에 갔어요.

_____

(3) 배가 아파서요.

_____

(4) 시장에 맛있는 과일들이 많아요.

_____

(5) 어제 네가 읽은 책 제목이 뭐야?

_____

어휘

◆ 증상

06-4

ခေါင်းကိုက်သည် 가웅:까익.디	머리가 아프다	ဗိုက်နာသည် 바익.나디	배가 아프다
အအေးမိသည် 아에이:미.디	감기에 걸리다	နှာချေသည် 흐나체이디	재채기하다
ချောင်းဆိုးသည် 차웅:소:디	기침하다	နှာခေါင်းပိတ်သည် 흐나카웅:삐잇.디	코가 막히다
အစာမကြေဖြစ်သည် 아싸마쩨이폐잇.디	소화가 안 되다	အန်သည် 안디	토하다
ဝမ်းချုပ်သည် 완:춧.디	변비가 있다	ဝမ်းလျှောသည် 완:셔:디	설사하다
သွားကိုက်သည် 똬:까익.디	이가 아프다	နားကိုက်သည် 나:까익.디	귀가 쑤시다

◆ 과거의 때

ပြီးခဲ့တဲ့ 삐:케.데.	지난	အရင် 아예인	지난	လွန်ခဲ့တဲ့ 룬케.데.	~ 전에
ပြီးခဲ့တဲ့ အပတ် 삐:케.데.아빳.	지난주	အရင်အပတ် 아예인아빳.	지난주	လွန်ခဲ့တဲ့ နှစ်ရက် 룬케.데.흐닛.약.	이틀 전에
ပြီးခဲ့တဲ့ လ 삐:케.데.라.	지난달	အရင်လ 아예인라.	지난달	လွန်ခဲ့တဲ့ တစ်လ 룬케.데.딸라.	한달 전에
ပြီးခဲ့တဲ့ နှစ် 삐:케.데.흐닛.	작년	အရင်နှစ် 아예인흐닛.	작년	လွန်ခဲ့တဲ့ နှစ်နှစ် 룬케.데.흐닛.닛.	이년 전에

미얀마를 소개합니다

■ 미얀마 전통 화장품, 따낫카 ■

따낫카는 미얀마의 남녀노소가 즐겨 바르는 전통 화장품입니다. 따낫카 나무를 잘라 껍질 부분을 돌판에 갈면 노란색 액이 나오는데, 이것이 바로 화학 물질이 전혀 들어가지 않은 천연 화장품이 됩니다. 보통 둥근 돌판 위에 물을 조금 뿌린 후 따낫카 나무를 시계 방향으로 약 5분 정도 갈면 액이 나옵니다.

따낫카 나무는 미얀마 중앙의 쉐이보 지역에서 나오는 나무가 제일 유명하고 질이 좋습니다. 노래 가사에도 나올 만큼 쉐이보 따낫카는 미얀마에서 유명합니다.

따낫카는 겨울에는 피부를 따뜻하게, 여름에는 시원하게 해주는 성분이 들어있어 1년 내내 부담 없이 바를 수 있습니다. 또한 자외선으로부터 피부를 보호해주는 천연 선크림의 역할을 하기도 합니다. 뿐만 아니라 항균효과가 있어 여드름이나 피부 트러블을 진정시키는 데 도움이 되기도 합니다. 요즘은 따낫카 파우더와 크림이 출시되는 등 따낫카를 원료로 하는 화장품들이 많이 나오고 있어 힘들게 나무를 돌판에 갈 필요가 없습니다.

07

မနက်ဖြန် ဘာလုပ်မှာလဲ။
내일 뭐 할 거예요?

မင်းဟို   **မီမီ၊ မနက်ဖြန် ပိတ်ရက်လေ၊ ဘာလုပ်မှာလဲ။**

미미   마넥.퍈   뻬잇.액.레이   바룻.흐마레:

မီမီ   **ထူးထူးခြားခြား လုပ်စရာ မရှိပါဘူး။ ဘာလို့လဲ။**

투:투:차:차: 롯.쎄야   마시.바부: 바로.레:

မင်းဟို   **ဒါဆို မနက်ဖြန် အချိန်ရှိရင် ကျွန်တော် လေယာဉ်လက်မှတ်**

다소   마넥.퍈   아체인시.인   쯔너   레이인랙.맛.

         ဝယ်စရာရှိလို့ ကူညီပေးပါ။

       외쎄야시.로.   꾸니뻬이:바

မီမီ   **အချိန်ရှိပါတယ်။ ကူညီပေးမယ်လေ။ ကိုရီးယားကို ပြန်မလို့လား။**

아체인시.바데   꾸니뻬이:메레이   꼬리:야:고   쁘얀마로.라:

မင်းဟို   **ဟုတ်ပါတယ်။ နောက်အပတ် စနေနေ့ ပြန်မလို့ပါ။**

홋.바데   나욱.아빳.   쎄네이네이.   쁘얀마롯.바

မီမီ   **ဟုတ်လား။ ဒါဆို မနက်ဖြန် လက်မှတ် အတူတူ သွားဝယ်ကြမယ်။**

홋.라: 다소   마넥.퍈   랙.맛.   아뚜뚜   똬:외자.메

해석

민호　　미미, 내일 휴일인데, 뭐 할 거예요?

미미　　특별히 할 거 없어요. 왜요?

민호　　그럼 내일 시간 있으면 저 비행기표 사는 것 좀 도와주세요.

미미　　시간 있어요. 도와줄게요. 한국으로 돌아가려고요?

민호　　네. 다음 주 토요일에 돌아가려고요.

미미　　그래요? 그럼 내일 비행기표 같이 가서 사요.

새 단어

□ မနက်ဖြန် 마낵.퍄 내일	□ အတူတူ 아뚜뚜 같이
□ ပိတ်ရက် 뻬잇.약 휴일	□ ဝယ်သည် 외디 사다
□ ထူးထူးခြားခြား 투:투:차:차: 특별히	□ ကူညီသည် 꾸니디 돕다
□ အချိန် 아체인 시간	□ ပေးသည် 뻬이:디 주다
□ လေယာဉ် 레이인 비행기	□ ပြန်သည် 빤디 돌아가다
□ လက်မှတ် 랙.맛 표	□ စနေနေ့ 쎄네이네이. 토요일

문법

01 동사 + မယ်

မယ် 메는 말하는 사람의 의지 또는 미래 시제를 나타내는 종결어미이다. 동사 어간에 붙여 사용한다.

ကူညီပေးမယ်။　　　 도와줄게요.
꾸니뻬이:메

မနက်ဖြန် ရုပ်ရှင် သွားကြည့်မယ်။　　　 내일 영화 보러 갈 거예요.
마낵.퐌　　　옷.신　　따:찌.메

ကျွန်တော်က ရေခဲမုန့် စားမယ်။　　　 저는 아이스크림 먹을게요.
쯔너가.　　　　　예이케:몬.　싸:메

02 동사 + စရာ

စရာ 쎄야는 동사를 명사로 바꿔주는 접미사이다. 동사 어간에 붙이면 '~ㄹ 것'이란 의미가 된다.

ပိတ်ရက်မှာ လုပ်စရာ မရှိဘူး။　　　 휴일에 할 게 없어요.
삐잇.얙.흐마　　　롯.쎄야　　　마시.부:

ဝယ်စရာ ရှိလို့ ဈေးသွားတယ်။　　　 살 게 있어서 시장에 가요.
외쎄야　　　시.로.　제이:똬:데

အမေ၊ ဘာစားစရာ ရှိလဲ။　　　 엄마, 먹을 게 뭐 있어요?
아메이　　　바싸:쎄야　　　시.레:

🆕 새 어 휘 ရေခဲမုန့် 예이케:몬. 아이스크림

03 동사 + ရင်

ရင် 인은 동사 어간에 붙여 사용하며, '～(으)면'이란 뜻의 가정이나 조건의 의미를 나타낸다.

သွားချင်ရင် သွားပါ။ 가고 싶으면 가세요.
똬:친인   똬:바

ပိုက်ဆံ ရှိရင် ဖုန်းဝယ်မယ်။ 돈이 있으면 핸드폰을 살 거예요.
빠익.산 시.인 폰:외메

အိမ်ရောက်ရင် နားမယ်။ 집에 도착하면 쉴 거예요.
에잉야욱.인   나:메

04 동사 + မလို့

မလို့ 마로.는 '～(하)려고'라는 뜻의 의도를 나타내는 연결어미이다. 여기에 각각 의문문 종결어미 လား 라:, 평서문 종결어미 ပါ 바를 붙이면 '～려고요?'(의문문), '～려고요'(평서문)라는 의미가 된다.

မနက်စာ စားမလို့လား။ 아침 먹으려고요?
마낙.싸 싸:마로.라:

ဒီအပတ် စနေ့နေ့ ကိုရီးယား သွားမလို့ပါ။ 이번 주 토요일에 한국에 가려고요.
디아빳. 쎄네이네이. 꼬리:야: 똬:마로.바

ကျောင်း သွားမလို့လား။ 학교에 가려고요?
짜웅: 똬:마로.라:

새 어 휘 ပိုက်ဆံ 빠익.산 돈, ဖုန်း 폰: 핸드폰, **နားသည်** 나:디 쉬다, **မနက်စာ** 마낙.싸 아침 식사

🔊 듣기

1 발음을 듣고 따라 읽으세요. 🎧 07-2

(1) မနက်ဖြန်

(2) ပိတ်ရက်

(3) ဘာလုပ်မှာလဲ။

(4) ထူးထူးခြားခြား

(5) လုပ်စရာ

(6) အချိန်ရှိပါတယ်။

(7) လေယာဉ်လက်မှတ်

(8) ကူညီပေးမယ်။

(9) နောက်အပတ်

2 문장을 듣고 내용과 관련된 그림을 고르세요. 🎧 07-3

(1) ⓐ

ⓑ

ⓒ

(2) ⓐ

ⓑ

ⓒ

말하기

1 다음 질문에 보기와 같이 답하세요.

> | 보기 |
>
> A: မနက်ဖြန် ဘာလုပ်မှာလဲ။
>
> B: <u>မနက်ဖြန် ရုပ်ရှင် သွားကြည့်မယ်</u>။

(1) A: မနက်ဖြန် ဘာလုပ်မှာလဲ။

    B: _____ (ဈေးသွားသည်)

(2) A: မနက်ဖြန် ဘာလုပ်မှာလဲ။

    B: _____ (ခရီးထွက်သည်)

(3) A: မနက်ဖြန် ဘာလုပ်မှာလဲ။

    B: _____ (စာလေ့လာသည်)

2 다음 대화를 완성하세요.

(1) A: ဘယ်သွားမလို့လဲ။

    B: _____ (ကျောင်း)

(2) A: ဘာဝယ်မလို့လဲ။

    B: _____ (လေယာဉ်လက်မှတ်)

(3) A: ဘာစားမလို့လဲ။

    B: _____ (ရေခဲမုန့်)

연습문제

📝 **쓰기**

다음 문장을 미얀마어로 쓰세요.

(1) 내일 뭐 할 거예요?

_____

(2) 특별히 할 거 없어요.

_____

(3) 시간 있으면 도와주세요.

_____

(4) 다음 주 토요일에 한국에 돌아가려고요.

_____

(5) 도와줄게요.

_____

어휘

◆ 일상

🎧07-4

အိပ်ယာထသည် 에잇.야타.디	일어나다	ထမင်းစားသည် 타밍:싸:디	밥을 먹다
ရုံးသွားသည် 욘:똬:디	출근하다	အလုပ်လုပ်သည် 아롯.롯.디	일하다
ရုံးဆင်းသည် 욘:신:디	퇴근하다	ဟင်းချက်သည် 힝:책.디	요리하다
အားကစားလုပ်သည် 아:까싸:롯.디	운동하다	ရုပ်ရှင်ကြည့်သည် 욧.신찌.디	영화 보다
ရေချိုးသည် 예이쵸:디	샤워하다	အိပ်ယာဝင်သည် 에잇.야윈디	잠자리에 들다

◆ 미래의 때

နောက် 나욱.	다음	~နေရင် 네이인	~ 후에
နောက်ရက် 나욱.액.	다음 날	၂ရက်နေရင် 흐닛액.네이인	이틀 후에
နောက်အပတ် 나욱.아빳.	다음 주	၁ပတ်နေရင် 다빳.네이인	일주일 후에
နောက်လ 나욱.라.	다음 달	၁လနေရင် 다라.네이인	한달 후에
နောက်နှစ် 나욱.닛.	내년	၁နှစ်နေရင် 다닛.네이인	일년 후에

미얀마를 소개합니다

■ 낫 신앙 ■

낫은 미얀마의 정령 신앙으로, 한국의 굿과 흡사합니다. 미얀마는 불교를 믿는 사람이 많지만 토속 신앙인 낫을 믿는 사람도 대다수 있습니다. 낫이라는 단어는 산스크리트어의 나타(natha)라는 단어에서 유래했으며, '수호자'라는 의미입니다.

낫 신앙은 나무, 언덕, 땅, 강, 집 등 모든 사물과 자연에 낫(수호신)이 있다고 믿습니다. 낫의 종류는 약 37가지가 있는데, 사람들은 이 낫을 억울하게 죽은 뒤 저승으로 가지 못했거나 환생을 하지 못한

▶ 보따타웅 절의 수호신, 아마더먀난돼

영혼들이라고 생각합니다. 매년 낫 축제가 크게 열리기도 하는데, 미얀마 중부 도시 만달레이 근처의 따웅뽕(Taung Pyone)이라는 지역에서 열리는 따웅뽕 낫 축제는 미얀마에서 가장 유명한 낫 축제입니다.

▶ 깐빠 지역의 수호신, 보보지

미얀마 사람들은 병원에서 치료하지 못하는 불치병에 걸리면 몸에 귀신이 들어와 있다고 믿어 무당을 불러 굿을 하기도 합니다. 또한 새로 집을 짓거나 중요한 일을 시작하기 전에 낫에 공양을 올리기도 합니다. 미얀마의 낫 신앙은 일상 생활과 깊은 연관이 있어 미얀마 사람 대부분이 낫 공양을 하거나 무당에게 점을 보기도 합니다.

08

မုန့်ဟင်းခါး စားကြည့်ချင်တယ်။
몽힝카를 먹어보고 싶어요.

회화

ကိုထက်   မီဆို၊ ဒီနေ့ နေ့လယ်စာ မုန့်ဟင်းခါး စားမလား။

미소   디네이.   네이.레싸   몽.힝:응아: 싸:마라:

မီဆို   မုန့်ဟင်းခါးက ဘယ်လို အစားအစာလဲ။

몽.힝:응아:가.   베로   아싸:아싸레:

ကိုထက်   မုန့်ဟင်းခါးက ငါးဟင်းရည်ထဲ မုန့်ဖတ်နဲ့ နံနံပင်၊ ၡေတ်သီးမှုန့်ကို

몽.힝:응아:가   응아:힝:예이테: 몽.펫네.   난난삔   응아옷.띠:흐몽.고

         ထည့်စားရတဲ့ အစားအစာပါ။

테.싸:야.데.   아싸:아싸바

မီဆို   ဟုတ်လား။ စားကြည့်ချင်တယ်။

홋.라: 싸:찌.친데

ကိုထက်   မုန့်ဟင်းခါးက မြန်မာလူမျိုးတွေ အကြိုက်ဆုံး အစားအစာဖြစ်တယ်။

몽.힝:응아:가   먄마루묘:뒈이   아짜익.손: 아싸:아싸핏데

မီဆို   ဒါဆို ဒီနေ့ နေ့လယ်စာကို မုန့်ဟင်းခါး စားကြမယ်။

다소   디네이.   네이.레싸고   몽.힝:응아: 싸:자.메

■■ 해석

꼬탓	미소, 오늘 점심 몽힝카 먹을래요?
미소	몽힝카가 어떤 음식이에요?
꼬탓	몽힝카는 생선 국물에 쌀국수와 고수, 고춧가루를 넣어 먹는 음식이에요.
미소	그래요? 먹어 보고 싶어요.
꼬탓	몽힝카는 미얀마 사람들이 가장 좋아하는 음식이에요.
미소	그러면 오늘 점심은 몽힝카 먹어요.

■■ 새 단어

- နေ့လယ်စာ 네이.레싸 점심 식사
- မုန့်ဟင်းခါး 몽.힝:응아: 몽힝카
- ငါး 응아: 생선
- ဟင်းရည် 힝:예이 국물
- ထဲ 테: ~에
- မုန့်ဖတ် 몽.펫 쌀국수
- နံနံပင် 난난삔 고수
- ငရုတ်သီးမှုန့် 응아웃.띠:흐몽. 고춧가루
- ထည့်သည် 테.디 넣다
- စားသည် 싸:디 먹다
- ကြိုက်သည် 짜익.디 좋아하다
- ဒါဆို(ရင်) 다소(인) 그러면

08 몽힝카를 먹어보고 싶어요. 95

문법

동사 + မလဲ/မလား

မလဲ 마레:/မလား 마라:는 '~(으)ㄹ까요?', '~(으)ㄹ래요?'라는 의미로, 상대방의 의견을 물을 때 동사 뒤에 붙여 사용한다. 의문사가 있는 의문문에는 မလဲ 마레:를, 의문사가 없는 의문문에는 မလား 마라:를 붙인다.

ဒီနေ့ နေ့လယ်စာ ဘာစားမလဲ။　　오늘 점심 뭐 먹을래요?
디네이. 네이.레싸　　　바싸:마레:

ငါတို့ ခရီးထွက်ကြမလား။　　우리 여행 갈까요?
응아도. 카이:'뚝.자.마라:

ပိတ်ရက်မှာ ဘာလုပ်ကြမလဲ။　　휴일에 뭐 할까요?
뻬잇.액.흐마　　　바룻.자.마레:

동사 + ကြည့်

ကြည့် 찌.는 동사 뒤에 붙여 사용하는 보조동사로, '~아/어보다'라는 시도의 의미를 나타낸다.

ဒီစာအုပ် ကောင်းတယ်။ ဖတ်ကြည့်ပါ။　　이 책이 좋아요. 읽어보세요.
디싸옷.　　 까웅:데　　 팟.찌.바

မြန်မာ အစားအစာကို စားကြည့်ပါ။　　미얀마 음식을 먹어보세요.
먄마　　 아싸:아싸고　　 싸:찌.바

မခက်ဘူး။ လုပ်ကြည့်ပါ။　　어렵지 않아요. 해보세요.
마캭.부:　　 롯.찌.바

🔵어🔵휘 ခက်သည် 캭.디 어렵다

03

동사 + ချင်တယ်

ချင်တယ် 친데는 '~고 싶어요'의 의미이다. '~고 싶다'라는 의미의 ချင် 친에 종결어미 တယ် 데를 붙인 형태이다.

မုန့်ဟင်းခါး စားကြည့်ချင်တယ်။   몽힝카를 먹어보고 싶어요.
몽.힝:응아: 싸:.찌.친데

ကော်ဖီ သောက်ချင်တယ်။   커피 마시고 싶어요.
꺼피   따욱.친데

ကိုရီးယားကား ကြည့်ချင်တယ်။   한국 영화를 보고 싶어요.
꼬리:야:까: 찌.친데

အ + 동사/형용사 + ဆုံး

동사/형용사 어간의 앞과 뒤에 각각 အ 아, ဆုံး 손:을 붙이면 '가장/제일 ~하다'라는 최상급의 의미가 된다. '~에서'라는 뜻의 မှာ 흐마, '~ 중에서'라는 뜻의 ထဲမှာ 테:흐마 등과 같이 사용할 수 있다.

ကျွန်မက နှင်းဆီပန်းကို အကြိုက်ဆုံးပါ။   저는 장미꽃을 제일 좋아해요.
쯔마.가.   흐닌:시빤:고   아짜익.손:바

သူက အတန်းထဲမှာ အချောဆုံးပါ။   그는 반에서 제일 잘생겼어요.
뚜가.   아딴:테:흐마   아쳐:손:바

ဒီဆိုင်မှာ အရသာအရှိဆုံး အစားအစာက ဘာလဲ။   * အရသာရှိသည် 맛있다(အရသာ 맛 + ရှိသည် 있다)
디사인흐마   아야.따아시.손: 아싸:아싸가.   바레:
이 가게에서 가장 맛있는 음식이 뭐예요?

연습문제 *연습문제의 어휘는 〈어휘〉 파트를 참고하세요.

🎧 듣기

1 발음을 듣고 따라 읽으세요. 08-2

(1) နေ့လယ်စာ (2) ဘာစားမလဲ။ (3) မုန့်ဟင်းခါး

(4) စားကြည့်ချင်တယ်။ (5) အစားအစာ (6) ငါးဟင်းရည်

(7) ရေတ်သီးမုန့် (8) နံနံပင် (9) အကြိုက်ဆုံး

2 문장을 듣고 내용과 관련된 그림을 고르세요. 🎧 08-3

(1) ⓐ    ⓑ    ⓒ

(2) ⓐ    ⓑ   ⓒ

말하기

1 다음 질문에 보기와 같이 답하세요.

| 보기 |
A: အကြိုက်ဆုံး အစားအစာက ဘာလဲ။
B: ကျွန်မ/ကျွန်တော် အကြိုက်ဆုံး အစားအစာက ကင်မ်ချီဟင်းရည်ပါ။

(1) A: အကြိုက်ဆုံး အရောင်က ဘာလဲ။
B: ____________________ (အနီရောင်)

(2) A: မိသားစုထဲမှာ ဘယ်သူက အရပ် အမြင့်ဆုံးလဲ။
B: ____________________ (အစ်ကို)

(3) A: ဘယ်အင်္ကျီက အလှဆုံးလဲ။
B: ____________________ (ဒီအင်္ကျီ)

2 다음 대화를 완성하세요.

(1) A: ____________________ (ဘာ)
B: မုန့်ဟင်းခါးစားမယ်။

(2) A: ____________________ (ဘယ်)
B: ရုပ်ရှင်ရုံသွားမယ်။

(3) A: ____________________ (ခရီးသွားသည်)
B: ကောင်းတယ်။ ခရီးသွားကြမယ်။

연습문제

📝 **쓰기**

다음 문장을 미얀마어로 쓰세요.

(1) 오늘 점심 뭐 먹을래요?

_____

(2) 몽힝카를 먹어보고 싶어요.

_____

(3) 저는 장미꽃을 제일 좋아해요.

_____

(4) 미얀마 음식을 먹어보세요.

_____

(5) 몽힝카가 어떤 음식이에요?

_____

어휘

◆ 음식   🎧 08-4

ထမင်း 타밍:	밥	ခေါက်ဆွဲ 카욱.쇠:	국수
ထမင်းကြော် 타밍:쩌	볶음밥	ခေါက်ဆွဲကြော် 카욱.쇠:쩌	볶음면
အကြော် 아쩌	튀김	အသုပ် 아뚯.	샐러드
ဟင်းရည် 힝:예이	국물	ကော်ဖီ 꺼피	커피
လက်ဖက်ရည် 랙.팩.이	홍차	ပေါင်မုန့် 빠웅몬.	빵

◆ 색깔

အဖြူရောင် 아퓨야웅	흰색	အမဲရောင် 아메:야웅	검은색
အနီရောင် 아니야웅	빨간색	အဝါရောင် 아와야웅	노란색
အစိမ်းရောင် 아세인:야웅	초록색	အပြာရောင် 아뺘야웅	파란색
ပန်းရောင် 빤:야웅	분홍색	လိမ္မော်ရောင် 레인머야웅	주황색
ခဲရောင် 케:야웅	회색	ခရမ်းရောင် 카얀:야웅	보라색

미얀마를 소개합니다

■ 몽힝카 ■

▶ 몽힝카

몽힝카는 미얀마 사람들이 아침 식사로 즐겨 먹는 음식으로, 생선(메기)과 바나나 줄기를 함께 넣고 끓인 육수에 쌀국수 면을 말아 먹는 음식입니다. 여기에 튀긴 콩, 마늘, 삶은 달걀, 고수, 라임과 고춧가루를 자기 입맛에 맞게 넣어서 먹을 수 있습니다. 걸쭉하면서 담백하고 칼칼한 맛이 납니다.

몽힝카는 미얀마의 대표 음식이라고 할 수 있을 만큼 어디서나 쉽게 먹을 수 있는 음식입니다. 크고 유명한 음식점부터 작은 길거리 음식점까지 어디서나 몽힝카를 먹을 수 있습니다. 몽힝카는 종교나 민족에 상관없이 누구나 먹을 수 있는 음식이기 때문에 미얀마의 기부 행사나 스님 공양 행사, 장례식 등에서 자주 나오는 음식이기도 합니다. 요즘은 인스턴트 식품으로 나오기도 합니다.

အသက် ဘယ်လောက် ရှိပြီလဲ။

몇 살이에요?

မိဆို ကိုထက်၊ မိသားစု ဘယ်နှယောက် ရှိလဲ။
꼬탓 　　　　미.따:수. 　 베네야욱. 　　　　시.레:

ကိုထက် ၅ယောက် ရှိပါတယ်။ အဖေ၊ အမေ၊ အစ်မ၊ ညီမလေးနဲ့
응아:야욱. 　 시.바데 　　 아페이 　 아메이 　 아마. 　 니마.레이:네.

ကျွန်တော်ပါ။
쯔너바

မိဆို မိဘတွေက အသက် ဘယ်လောက် ရှိကြပြီလဲ။
미.바.뒈이가. 　 아떽. 　 베라욱. 　　　시.자.비레:

ကိုထက် နှစ်ယောက်စလုံး ၅၀ကျော်ပါပြီ။
흐닛야욱.사룽: 　　　 응아:세 쩌바비

မိဆို ဟုတ်လား။ မိသားစုတွေ ဘယ်မှာ နေကြတာလဲ။
훗.라: 　　　 미.따:수.뒈이 　 베흐마 　 네이자.다레:

ကိုထက် အဖေ၊ အမေရယ် ညီမလေးက မန္တလေးမှာ နေကြတယ်။
아페이 　 아메이예 　　 니마.레이:가. 　　 만달레이:흐마 　 네이자.데

ကျွန်တော်နဲ့ အစ်မကတော့ ရန်ကုန်မှာ နေပါတယ်။
쯔너네. 　　　 아마.가.더. 　　　 양곤흐마 　 네이바데

▪▪▪ 해석

미소   꼬탓, 가족이 몇 명 있어요?

꼬탓   5명 있어요. 아버지, 어머니, 누나, 여동생하고 저예요.

미소   부모님들은 연세가 어떻게 되세요?

꼬탓   두분 다 50이 넘으셨어요.

미소   그렇군요. 가족들은 어디에서 살아요?

꼬탓   아버지, 어머니와 여동생은 만달레이에서 살아요. 저와 누나는 양곤에서 살아요.

▪▪▪ 새 단어

- မိသားစု 미.따:수. 가족
- ယောက် 야욱. 명
- ရှိသည် 시.디 있다
- အဖေ 아페이 아버지
- အမေ 아메이 어머니
- အစ်မ 아마. 누나
- ညီမလေး 니마.레:이 여동생
- မိဘ 미.바. 부모님
- အသက် 아땍. 나이, 연세
- ဘယ်လောက် 베라욱. 얼마, 얼마나
- နှစ်ယောက်စလုံး 흐닛야욱.사롱: 둘 다
- ကျော် 쩌 넘다

문법

01 명사 + နဲ့/ရယ်

နဲ့ 네.와 ရယ် 예는 모두 '와/과', '하고', '랑'의 뜻으로 명사와 명사를 연결해주는 조사이다.

မနက်စာကို ကော်ဖီနဲ့ ပေါင်မုန့်ပဲ စားခဲ့တယ်။   아침을 커피와 빵만 먹었어요.
마낵.싸고   꺼피네.   빠웅몬.뻬   싸:케.데

ကျွန်မက အဖြူရောင်နဲ့ အနီရောင်ကို ကြိုက်တယ်။   저는 흰색과 빨간색을 좋아해요.
쯔마.가.   아퓨야웅네.   아니야웅고   짜익.데

ကျွန်တော်ရယ် အမေရယ် ဈေး အတူတူ သွားကြတယ်။   저랑 엄마랑 시장에 같이 가요.
쯔너예   아메이예   제이: 아뚜뚜   똬:자.데

02 ဘယ်လောက်

ဘယ်လောက် 베라욱.은 '얼마'에 해당하는 의문사이다. 뒤에 바로 의문문 종결어미 လဲ 레:를 붙이면 '얼마예요?'의 의미이고, 'ဘယ်လောက် 베라욱. + 동사 + လဲ 레:'의 형식으로 쓰면, '얼마나 ~해요?'라는 의미가 된다.

ပန်းသီး ၁လုံးကို ဘယ်လောက်လဲ။   사과 하나에 얼마예요?
빤:띠: 따롱:고   베라욱.레:

စုစုပေါင်း ဘယ်လောက် ကျလဲ။   총 얼마예요?(총 얼마나 비용이 들어요?)
쑤.쑤.빠웅: 베라욱.   짜.레:

အသက် ဘယ်လောက် ရှိပြီလဲ။   나이가 몇 살이에요?
아땍.   베라욱.   시.비레:

🆕어휘 ပေါင်မုန့် 빠웅몬. 빵, စုစုပေါင်း 쑤.쑤.빠웅: 총(합계), ကျသည် 짜.디 비용이 들다

ဘယ်မှာ 베흐마는 '어디'에 해당하는 의문사이다. 뒤에 바로 의문문 종결어미 လဲ 레:를 붙이면 '어디예요?'의 의미이고, 'ဘယ်မှာ 베흐마 + 동사 + လဲ 레:'의 형식으로 쓰면, '어디에(서) ~해요?'라는 의미가 된다.

ရုပ်ရှင်ရုံက ဘယ်မှာလဲ။　　극장이 어디예요?
옷.신욘가.　　베흐마레:

ညစာကို ဘယ်မှာ စားလဲ။　　저녁은 어디에서 먹어요?
냐.싸고　　베흐마　　싸:레:

မိဘတွေက ဘယ်မှာ နေတာလဲ။　　부모님은 어디에 사세요?
미.바.뒈이가.　　베흐마　　네이다레:

ကတော့ 가.더.는 '은/는'에 해당하는 조사로, 어떤 대상이 다른 것과 대조됨을 나타내거나 강조할 때 사용한다. က 가.를 생략하고 တော့ 더.만 사용할 수도 있다.

ညီမလေးကတော့ စာတော်တယ်။　　여동생은 공부를 잘해요.
니마.레이:가.더.　　싸떠데

ကျွန်မက ကော်ဖီတော့ ကြိုက်တယ်။　　제가 커피는 좋아해요.
쯔마가.　　꺼피더.　　짜익.데

မြန်မာစကားတော့ နည်းနည်း ပြောတတ်တယ်။　　미얀마어는 조금 할 줄 알아요.
먄마싸가:더.　　네:네:　　뼈땃.데

🆕어휘 စာတော်သည် 싸떠디 공부를 잘하다. နည်းနည်း 네:네: 조금

🎧 듣기

1 발음을 듣고 따라 읽으세요. 09-2

(1) မိသားစု   (2) ဘယ်နယောက်   (3) ၅ယောက်

(4) အစ်မ   (5) ညီမလေး   (6) မိဘ

(7) နှစ်ယောက်စလုံး   (8) မန္တလေး   (9) ရန်ကုန်

2 문장을 듣고 내용과 관련된 그림을 고르세요. 🎧 09-3

(1) ⓐ

ⓑ

ⓒ

(2) ⓐ

ⓑ

ⓒ

말하기

1 다음 질문에 보기와 같이 답하세요.

| 보기 |
A: မိဘတွေက အသက် ဘယ်လောက် ရှိပြီလဲ။
B: အဖေကတော့ ၄၀၊ အမေကတော့ ၃၅နှစ်ပါ။

(1) A: အစ်မက အသက် ဘယ်လောက် ရှိပြီလဲ။
B: ______________________ (၂၅)

(2) A: ပန်းသီးက ဘယ်လောက်လဲ။
B: ______________________ (၁၀လုံး, ၁၀၀၀)

(3) A: ဆရာမက အသက် ဘယ်လောက် ရှိပြီလဲ။
B: ______________________ (၄၈)

2 다음 대화를 완성하세요.

(1) A: ဘာစားခဲ့လဲ။
B: ______________________ (ကော်ဖီ, မုန့်)

(2) A: ရုပ်ရှင်ရုံကို ဘယ်သူနဲ့ သွားခဲ့တာလဲ။
B: ______________________ (သူငယ်ချင်း)

(3) A: ဘာအရောင် ကြိုက်လဲ။
B: ______________________ (အဖြူရောင်, အမဲရောင်)

새어휘 နှစ် 흐닛. 살

📝 **쓰기**

다음 문장을 미얀마어로 쓰세요.

(1) 가족이 몇 명 있어요?

_____

(2) 제 가족은 4명이에요.

_____

(3) 나이가 어떻게 되세요?

_____

(4) 가족들은 어디에서 살아요?

_____

(5) 양곤에서 살아요.

_____

어휘

◆ 가족

* MP3 파일은 표시된 번호 순서대로 녹음되었습니다.

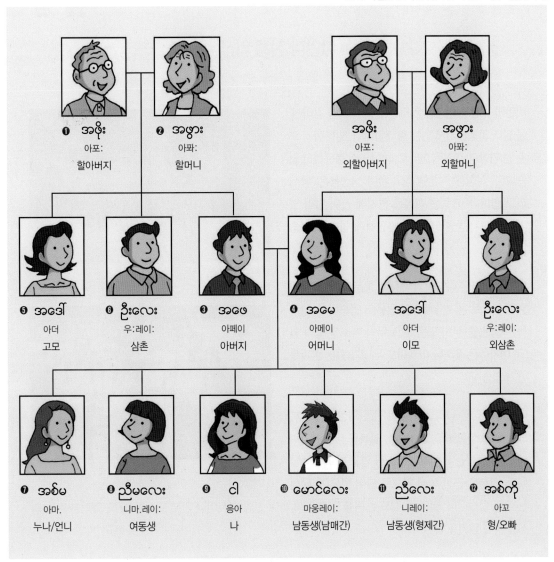

❶ အဖိုး
아포:
할아버지

❷ အဖွား
아꽈:
할머니

အဖိုး
아포:
외할아버지

အဖွား
아꽈:
외할머니

❺ အဒေါ်
아더
고모

❻ ဦးလေး
우:레이:
삼촌

❸ အဖေ
아페이
아버지

❹ အမေ
아메이
어머니

အဒေါ်
아더
이모

ဦးလေး
우:레이:
외삼촌

❼ အစ်မ
아마.
누나/언니

❽ ညီမလေး
니마.레이:
여동생

❾ ငါ
응아
나

❿ မောင်လေး
마웅레이:
남동생(남매간)

⓫ ညီလေး
니레이:
남동생(형제간)

⓬ အစ်ကို
아꼬
형/오빠

* 부모님의 여자 형제(고모, 이모)는 모두 **အဒေါ်** 아더, 남자 형제(삼촌, 외삼촌)는 모두 **ဦးလေး** 우:레이:라고 한다.

미얀마를 소개합니다

■ 미얀마 전통 의상 ■

미얀마의 전통 의상은 커다란 천을 허리에 감아 둘둘 말아 고정시켜서 입는 형태입니다. 발목까지 오는 긴 기장의 스커트 형태로, 남녀노소 불문하고 입습니다. 여성용은 '론지'라고 하며 남성용은 '빠소'라고 합니다. 요즘은 여성용 론지에 끈이 달려 있거나 치마처럼 만들어져서 간편하게 입을 수 있습니다.

▶ 론지

미얀마는 더운 나라이기 때문에 통풍이 잘 되는 시원한 천으로 론지나 빠소를 만들어 입습니다. 남자들은 굵은 줄 무늬 또는 체크 무늬 빠소를 즐겨 입고, 여자들은 꽃이나 아케이드 무늬가 있는 론지를 즐겨 입습니다.

미얀마는 다른 나라들과 달리 전통 의상을 일상복으로 입고 생활하고 있습니다. 교복도 마찬가지여서, 모든 학생들이 론지나 빠소를 입고 학교에 다닙니다. 교복은 진한 녹색 천으로 되어 있으며, 무늬

▶ 미얀마의 교복

는 따로 없습니다. 절에 갈 때도 론지를 입고 가야 하며 신쀼 의식이나 기부 행사를 할 때 화려한 전통 의상을 차려 입기도 합니다.

10

အခု ဘယ်နှနာရီလဲ။
지금 몇 시예요?

ကိုထက်
မီဆို၊ ကျွန်တော်တို့ လက်ဖက်ရည်ဆိုင် သွားရအောင်။

미소 쯔너도. 랙.팩.이사인 따:야.아웅

မီဆို
ဟုတ်ကဲ့။ ဒါနဲ့ ဒီနေ့ ဘာနေ့လဲ။

훗.께. 다네. 디네이. 바네이.레:

ကိုထက်
သောကြာနေ့ပါ။ ဘာဖြစ်လို့လဲ။

따웃.짜네이.바 바폐잇.롯.레:

မီဆို
၁၀နာရီမှာ အတန်းရှိတယ်။ အခု ဘယ်နှနာရီလဲ။

세나이흐마 아딴:시.데 아쿠 베흐나나이레:

ကိုထက်
အခု နောရီခွဲပါ။ အချိန် ရှိပါသေးတယ်။ မနက်စာ စားပြီးပြီလား။

아쿠 싯.나이쾨:바 아체인 시.바떼이.데 마낙.싸 싸:뻬:비라:

မီဆို
မစားရသေးဘူး။ လက်ဖက်ရည်ဆိုင်မှာ စားတာပေါ့။

마싸:야.떼이:부: 랙.팩.이사인흐마 싸:다뻐.

해석

꼬탓	미소 씨, 우리 찻집에 갑시다.
미소	그래요. 그런데, 오늘 무슨 요일이죠?
꼬탓	금요일이에요. 왜요?
미소	10시에 수업이 있어요. 지금 몇 시예요?
꼬탓	지금 8시 반이에요. 아직 시간이 있어요. 아침은 먹었어요?
미소	아직 못 먹었어요. 찻집에서 먹지요.

새 단어

- ကျွန်တော်တို့ 쯔너도. 저희
- လက်ဖက်ရည်ဆိုင် 랙.팍.이사인 찻집
- သွားသည် 따:디 가다
- ဒါနဲ့ 다네. 그런데
- ဘာဖြစ်လို့လဲ 바페잇.롯.레 왜
- အတန်း 아딴: 수업

- ရှိသည် 시.디 있다
- အခု 아쿠. 지금
- နာရီ 나이 시
- ခွဲ 쾌: 반
- အချိန် 아체인 시간
- စားသည် 싸:디 먹다

문법

01 동사 + ရအောင်

ရအောင် 야.아웅은 동사 뒤에 붙여 사용하며, '~자', '~(으)ㅂ시다'라는 뜻의 청유형 종결어미이다.

အတူတူ စာလုပ်ရအောင်။   같이 공부하자.
아뚜뚜   싸롯.야.아웅

လက်ဖက်ရည်ဆိုင် သွားရအောင်။   찻집에 가자.
랙.팩.이사인   똬:야.아웅

ငါတို့ အတူတူ ရုပ်ရှင်သွားကြည့်ရအောင်။   우리 같이 영화 보러 가자.
응아도.   아뚜뚜   욧.신똬:찌.야.아웅

02 동사 + သေးတယ်

동사에 သေးတယ် 떼이:데를 붙이면 '아직 ~있다'라는 의미가 된다. သေးတယ် 떼이:데는 평서문 종결어미 တယ် 데에 '아직'의 의미인 연결어미 သေး 떼이:를 붙인 형태이다.

အချိန် ရှိပါသေးတယ်။   아직 시간이 있어요.
아체인   시.바떼이:데

ပိုက်ဆံ ၂၀၀၀ ကျန်သေးတယ်။   돈 2000(짯)이 아직 남았어요.
빠익.산   흐닛타웅   짠떼이:데

ဘွဲ့ရဖို့ ၂နှစ် လိုသေးတယ်။   졸업하려면 아직 2년 남았어요(필요해요).
붸.야.포.   흐닛닛   로떼이:데

새어휘 ကျန်သည် 짠디 남다, ဘွဲ့ 붸. 학위, ဘွဲ့ရသည် 붸.야.디 졸업하다, လိုသည် 로디 필요하다

03 မ + 동사 + ရသေးဘူး

'မ 마 + 동사 + ရသေးဘူး 야.떼이:부:'는 '아직 못 ~하다'라는 부정의 표현이다. 미얀마어의 일반 부정 표현인 '마 마 + 동사 + ဘူး 부:'에서 ဘူး 부: 앞에 '아직 못'의 의미인 ရသေး 야.떼이:를 붙인 형태이다. 보통, '아직'이란 의미의 부사 အခုထိ 아쿠.티.와 함께 쓰인다.

> အခုထိ မနက်စာ မစားရသေးဘူး။　　아직 아침 못 먹었어요.
> 아쿠.티.　　마낙.싸　　마싸:야.떼이:부:
>
> အဲ့ဒီစာအုပ် မဖတ်ရသေးဘူး။　　그 책을 아직 못 읽었어요.
> 에.디싸옷.　　마팟.야.떼이:부:
>
> အိမ်စာ မလုပ်ရသေးဘူး။　　숙제를 아직 못 했어요.
> 에잉싸　　마롯.야.떼이:부:

04 동사 + တာပေ့ါ

တာပေ့ါ 다뻐.는 '~지요'의 뜻으로 동사 뒤에 붙여 사용하는 종결어미이다. 어떤 사실을 서술하거나 상대에게 어떤 행동을 하도록 명령 또는 권유하는 뜻을 나타낸다.

> ဒါဆိုလည်း အတူတူ သွားတာပေ့ါ။　　그러면 같이 가지요.
> 다소레:　　　아뚜뚜　　　　똬:다뻐.
>
> အစပ်စားတာပေ့ါ။　　매운 것 먹지요.
> 아쌋.싸:다뻐.
>
> အပြင်မှာ မိုးရွာတာပေ့ါ။　　밖에 비가 오지요.
> 아삔흐마　　　모:유와다뻐.

🆕어휘 အိမ်စာ 에잉싸 숙제, အစပ် 아쌋. 매운

🎧 듣기

1 발음을 듣고 따라 읽으세요.　　　　　　　　　　　　　🎧 10-2

(1) လက်ဖက်ရည်ဆိုင်　　　(2) အခု　　　　(3) ဘယ်နှနာရီလဲ။

(4) နောရီခွဲ　　　　　(5) အတန်း　　　(6) အချိန်

(7) စားပြီးပြီလား။　　(8) မစားရသေးဘူး။　(9) စားတာပေါ့။

2 문장을 듣고 내용과 관련된 그림을 고르세요.　　　　🎧 10-3

(1) ⓐ

ⓑ

ⓒ

(2) ⓐ 08:30　　　ⓑ 09:00　　　ⓒ 07:45

말하기

1 다음 질문에 보기와 같이 답하세요.

> | 보기 |
> A: မနေ့က အလုပ်တွေ လုပ်ပြီးပြီလား။
> B: အခုထိ <u>မလုပ်ရသေးဘူး။</u>

(1) A: ထမင်း စားပြီးပြီလား။

B: အခုထိ _____

(2) A: အိမ်စာတွေ လုပ်ပြီးပြီလား။

B: အခုထိ _____

(3) A: အဲဒီစာအုပ် ဖတ်ပြီးပြီလား။

B: အခုထိ _____

2 다음 대화를 완성하세요.

(1) A: အခု ဘယ်နှနာရီလဲ။

B: _____ (6시 35분)

(2) A: အခု ဘယ်နှနာရီလဲ။

B: _____ (7시 45분)

(3) A: အခု ဘယ်နှနာရီလဲ။

B: _____ (11시 11분)

새 어 휘 လုပ်ပြီးသည် 롯.삐:디 다 하다

📝 **쓰기**

다음 문장을 미얀마어로 쓰세요.

(1) 우리 찻집에 갑시다.

_____

(2) 지금 몇 시예요?

_____

(3) 8시 반이에요.

_____

(4) 10시에 수업이 있어요.

_____

(5) 아직 못 먹었어요.

_____

어휘

◆ 요일, 날

 10-4

တနင်္လာနေ့ 따닌:라네이.	월요일
အင်္ဂါနေ့ 잉가네이.	화요일
ဗုဒ္ဓဟူးနေ့ 붓.다후:네이.	수요일
ကြာသပတေးနေ့ 짜따바데이:네이.	목요일
သောကြာနေ့ 따웃.짜네이.	금요일
စနေနေ့ 싸네이네이.	토요일
တနင်္ဂနွေနေ့ 따닌:그눼이네이.	일요일
စနေ၊တနင်္ဂနွေ 싸네 따닌:그눼이	주말
ကြားရက် 쟈:액.	평일
ပိတ်ရက် 삐잇.액.	쉬는 날
ပိတ်ရက်ရှည် 삐잇.액.세이	연휴
အစိုးရရုံးပိတ်ရက် 아쏘:야.욘:삐잇.액.	공휴일

미얀마를 소개합니다

■ 미얀마의 칠기 공예 ■

미얀마는 대나무를 재료로 하는 칠기 공예가 유명합니다. 특히, 바간 지역의 칠기 공예는 미얀마를 대표할 정도로 유명합니다.

미얀마의 칠기 공예 과정은 우선, 대나무를 얇게 잘라 엮어서 형태를 잡습니다. 그런 뒤에 '떠요'라는 나무 진액으로 만든 검은색 유약을 펴 바릅니다. 유약이 마르면 그 위에 또 다시 유약을 덧칠하고 이런 과정을 여러 번 반복하여 윤기를 냅니다. 그런 다음 일일이 그림을 직접 그려 넣습니다. 그림은 대부분 불경에 나오는 내용이나 왕의 얼굴을 그립니다. 마지막으로 염색 과정을 거치면 유약 칠을 해서 까맣던 것이 아름다운 색깔이 입혀진 공예품으로 변신하게 됩니다.

미얀마에서는 대나무 칠기 공예품을 오래 전부터 사용해 왔습니다. 미얀마에서는 집에 손님이 오면 대부분 랏팟(찻잎)을 대접하는데, 이 랏팟은 대부분 대나무 칠기 공예로 만들어진 그릇에 담아 보관합니다.

11

ဟဲလို၊ ချောင်းသာဟိုတယ်ကပါရှင်။
여보세요, 차웅따 호텔입니다.

회화

ဝန်ထမ်း	ဟဲလို၊ ချောင်းသာဟိုတယ်ကပါရှင်။
	헬로 차웅:따호떼가.바신
မင်းဟို	ဟုတ်ကွဲ။ အခန်း ဘွတ်ကင်လုပ်ချင်လို့ပါ။ ဖုန်းနဲ့ ဘွတ်ကင်လုပ်လို့
	훗.께. 아칸: 붓.낀롯.친로.바 폰:네. 붓.낀롯.로.
	ရလားမသိဘူး။
	야.라:마띠.부:
ဝန်ထမ်း	ဟုတ်ကွဲ။ ရပါတယ်။ ဘယ်နေ့အတွက်လဲမသိဘူး။
	훗.께. 야.바데 베네이.아똭.레:마띠.부:
မင်းဟို	၁၂လပိုင်း ၁၀ရက်နေ့ တည်းမှာပါ။ တစ်ယောက်ခန်း၊
	세.닛라.빠인: 세약.네이. 떼:흐마바 따야욱.칸:
	ဈေးသက်သာတဲ့ အခန်းပေးပါ။
	제이:딱.따데. 아칸:뻬이:바
ဝန်ထမ်း	အောက်ဆုံးအထပ်က အပေါ်ထပ်တွေထက် ဈေးသက်သာပါတယ်။
	아욱.손:아탓.가. 아뻐탓.뒈이탓. 제이:딱.따바데
မင်းဟို	ဟုတ်ကွဲ။ ဒါဆိုရင် အောက်ဆုံးအထပ်ပဲ ပေးပါ။
	훗.께. 다소인 아욱.손:아탓.뻬: 뻬이:바
ဝန်ထမ်း	ဟုတ်ကွဲ့ပါ။
	훗.께.바

해석

직원	여보세요, 차웅따 호텔입니다.
민호	네. 방을 예약하고 싶어서요. 전화로 예약해도 되는지요?
직원	네. 됩니다. 날짜는요?
민호	12월 10일에 묵을 겁니다. 1인실, 저렴한 방으로 주세요.
직원	제일 아래층(1층)이 위층들보다 가격이 저렴합니다.
민호	네. 그러면 1층으로 주세요.
직원	알겠습니다.

새 단어

□ ဝန်ထမ်း 원탄: 직원

□ ဟိုတယ် 호떼 호텔

□ အခန်း 아칸: 방

□ ဘွတ်ကင်လုပ်သည် 붓.낀롯.디 예약하다

□ ဖုန်း 폰: 전화

□ ရသည် 야.디 되다, 괜찮다

□ နေ့ /ရက် 네이./액 날짜

□ တည်းသည် 떼:디 묵다

□ တစ်ယောက်ခန်း 따야욱.칸: 1인실

□ ဈေး 제이: 가격

□ သက်သာသည် 땍.따디 저렴하다

□ အောက် 아욱. 아래

□ အထပ် 아탓. 층

□ အပေါ် 아뻐 위

□ အထက် 아탓. 이상

□ ပေးသည် 뻬이:디 주다

문법

ကပါ 가.바는, 직역하면, '~에서입니다'라는 뜻으로, 전화를 받으며 '(어디)입니다'라고 말할 때 사용한다. ကပါ 가.바 뒤에, 말하는 사람의 성별에 따라, 여자면 ရှင် 신을, 남자면 ခင်ဗျာ 카먀를 붙여 존칭을 표현할 수 있다. 국가나 도시명을 앞에 써서 출신을 나타낼 수도 있다.

 မြန်မာစာ သင်တန်းကပါရှင်။   미얀마어 학원입니다.
만마싸   띤딴:가.바신

သံရုံးကပါခင်ဗျာ။   대사관입니다.
딴욘:가.바카먀

ဒီကျောင်းသားက ကိုရီးယားကပါ။   이 학생은 한국에서 왔습니다.
디짜웅:따:가.   꼬리:야:가.바

လားမသိဘူး 라:마띠.부:는 '~는지요?'의 뜻에 해당하며 동사 뒤에 붙여 사용한다. 어떤 사실에 대하여 친근한 말투로 묻는 표현이다. 의문사가 없는 의문문에서는 လားမသိဘူး 라:마띠.부:를 사용하고, 의문사가 있는 의문문에서는 လဲမသိဘူး 레:마띠.부:를 사용한다.

ဖုန်းဆက်လို့ ရလားမသိဘူး။   전화해도 되는지요?
폰색.로.   야.라:마띠.부:

မိဆို ရှိလားမသိဘူး။   미소 씨 있는지요?
미소   시.라:마띠.부:

နာမည် ဘယ်လို ခေါ် လဲမသိဘူး။   성함이 어떻게 되시는지요?
나매   베로   커레:마띠.부:

ဘယ်သူလဲမသိဘူး။   누구신지요?
베뚜레:마띠.부:

🆕어휘 သင်တန်း 띤딴: 학원, သံရုံး 딴욘: 대사관

03 명사1 + က + 명사2 + ထက်

'(명사1)이 (명사2)보다 ~하다'와 같이 두 대상을 비교하여 말할 때 사용하는 표현이다. 주어 뒤에 주격 조사 က 가., 비교 대상 뒤에 '~보다'라는 뜻의 ထက် 탓.을 붙인다.

သရက်သီးက ပန်းသီးထက် ချိုတယ်။　　망고가 사과보다 달아요.
따얙.띠:가.　　　　빤:띠:탓.　　초데

ဂျီယောင်းက မီဆိုထက် လှတယ်။　　지영이가 미소보다 예뻐요.
지영가.　　　　　미소탓.　　흘라.데

ကိုရီးယားက မြန်မာထက် အေးတယ်။　　한국이 미얀마보다 추워요.
꼬리:야:가.　　　　만마탓.　　　에이:데

04 명사 + အတွက်

အတွက် 아딲.은 '~을/를 위해'라는 뜻으로, 명사 뒤에 붙여 사용한다.

နင့်အတွက် စာအုပ်ဝယ်လာတယ်။　　너를 위해 책을 사왔어.
닌.아딲.　　　싸옷.외라데　　　　* ဝယ်လာသည် (사오다) = ဝယ်သည် (사다) + လာသည် (오다)

အမေ့အတွက် လက်ဆောင်ဝယ်ခဲ့တယ်။　　어머니를 위해 선물을 샀어요.
아메이.아딲.　　　랙.사운외케.데

မနက်စာအတွက် ကော်ဖီဖျော်ထားတယ်။　　아침으로(아침을 위해) 커피를 탔어요.
마낙.싸아딲.　　　꺼피펴타:데

새 어 휘 ချိုသည် 초디 달다. အေးသည် 에이:디 춥다. လက်ဆောင် 랙.사운 선물. ကော်ဖီဖျော်သည် 꺼피펴디 커피를 타다

🎧 듣기

1 발음을 듣고 따라 읽으세요. 🎧 11-2

(1) ချောင်းသာ   (2) ဟိုတယ်   (3) အခန်း

(4) ဘွတ်ကင်လုပ်သည်   (5) ဘယ်နေ့လဲ မသိဘူး။   (6) တစ်ယောက်ခန်း

(7) ဈေးသက်သာတဲ့ အခန်း   (8) အောက်ဆုံးအထပ်   (9) အပေါ်ထပ်တွေထက်

2 문장을 듣고 내용과 관련된 그림을 고르세요. 🎧 11-3

(1) ⓐ    ⓑ    ⓒ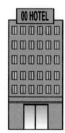

(2) ⓐ    ⓑ    ⓒ

💬 **말하기**

1 다음 질문에 보기와 같이 답하세요.

> | 보기 |
>
> A: ဘယ်လို အခန်းကို ဘွတ်ကင်လုပ်ချင်ပါသလဲ။
>
> B: <u>တစ်ယောက်ခန်း ပေးပါ။</u>

(1) A: ဘယ်လို အခန်းကို ဘွတ်ကင်လုပ်ချင်ပါသလဲ။

    B: _____ (၂ယောက်ခန်း)

(2) A: ဘယ်လို အခန်းကို ဘွတ်ကင်လုပ်ချင်ပါသလဲ။

    B: _____ (၃ထပ်က အခန်း)

(3) A: ဘယ်လို အခန်းကို ဘွတ်ကင်လုပ်ချင်ပါသလဲ။

    B: _____ (မိသားစုအခန်း)

2 다음 대화를 완성하세요.

(1) A: ဟဲလို။ ဆရာမင်းမင်း ရှိလားမသိဘူး

    B: _____ (민민 선생님 안 계세요.)

(2) A: ဟဲလို။ ဘယ်သူလဲမသိဘူး။

    B: _____ (네. 저는 미소예요.)

(3) A: ဘယ်နေ့ တည်းမှာလဲ။

    B: _____ (다음 주 토요일에 묵을 거예요.)

📝 **쓰기**

다음 문장을 미얀마어로 쓰세요.

(1) 여보세요. A호텔입니다.

_____

(2) 방을 예약하고 싶어서요.

_____

(3) 전화로 예약해도 되는지요?

_____

(4) 제일 아래층(1층)이 위층들보다 저렴합니다.

_____

(5) 그러면 1층으로 주세요.

_____

어휘

◆ 호텔

🎧 11-4

တစ်ယောက်ခန်း 따야욱.칸:	싱글룸	နှစ်ယောက်ခန်း 닛야욱.칸:	트윈룸
ပရီမီယမ်ခန်း 쁘리미얀칸:	패밀리룸	ချက်အင် 책.인	체크인
ချက်အောက် 책.아욱.	체크아웃	အခန်းဆားဗစ် 아칸:사:빗.	룸서비스

◆ 전화

လက်ကိုင်ဖုန်း 랙.까인폰:	핸드폰	ကြိုးဖုန်း 쪼:폰:	유선전화
အိမ်ဖုန်း 에잉폰:	집전화	ရုံးဖုန်း 욘:폰:	사무실 전화
ဖုန်းလာသည် 폰:라띠	전화가 오다	ဖုန်းပိတ်သည် 폰:뻬잇.띠	전화기 전원을 끄다
ဖုန်းဆက်သည် 폰:셋.띠	전화를 하다	ဖုန်းကိုင်သည် 폰:까인띠	전화를 받다
ဖုန်းခေါ်သည် 폰:커띠	전화를 걸다	ဖုန်းပြောသည် 폰:뻐:띠	통화하다
ဖုန်းချသည် 폰:차.띠	전화를 끊다	ဖုန်းမအားပါ 폰:마아:바	통화 중

미얀마를 소개합니다

■ 인레이 호수 ■

인레이 호수는 길이 12마일, 폭 9마일 정도 되는 미얀마에서 두 번째로 큰 호수입니다. 미얀마 샨주 남쪽, 해발고도 880m의 고원 지대에 위치하고 있으며 미얀마의 다른 지역과는 다른 다양한 생활 모습을 볼 수 있는 곳입니다. 주위는 온통 푸른 산과 숲으로 둘러싸여 있고 사람들은 드넓은 호수 위에 대나무나 통나무로 집을 짓고 수상생활을 합니다.

주민들은 주로 어업이나 수경재배, 또는 수공예품을 만들어 생계를 유지합니다. 통발낚시는 인레이 호수에서만 볼 수 있는 전통 낚시 방식인데, 대나무로 만든 통발을 물 속에 넣어 두었다가 통발 안으로 물고기가 들어오면 작살로 잡는 방식입니다. 수경재배는 여러 개의 대나무를 엮어 밭고랑처럼 만든 뒤 이를 물 위에 띄우고 그 위에 흙을 뿌려 작물을 재배하는 방식입니다. 주로 토마토나 고추를 재배하는데, 인레이 호수의 토마토는 미얀마에서 유명합니다.

인레이 호수의 생활은 모든 것이 수상에서 이루어지기 때문에 사람들은 카누처럼 생긴 작고 날렵한 배를 이동수단으로 사용합니다. 이 배의 노를 젓는 방식이 이색적인데, 배 위에 한 발로 똑바로 선 채 다른 한 발로 노를 젓습니다. 15일에 한 번 열리는 수상시장도 배 위에서 물건을 사고 팝니다. 인레이 호수는 이런 이색적인 생활방식과 아름다운 호수 풍경 때문에 관광지로 유명합니다.

12

ဘာဝါသနာပါလဲ။

취미가 뭐예요?

ကိုထက်　　　မီဆိုက ဘာဝါသနာပါတာလဲ။

　　　　미소가. 　　　　바와따나빠다레:

မီဆို　　　　ပန်းချီဆွဲတာ၊ စာရေးတာနဲ့ စာဖတ်တာမျိုး ဝါသနာပါတယ်။

　　　　바지쉐:다 　　　　싸예이:다네. 　　　　싸팟.다묘: 　　　　와따나빠데

　　　　ကိုထက်ကရော။

　　　　꼬탓가.여:

ကိုထက်　　　ကျွန်တော့် ဝါသနာကတော့ အားကစားပါ။ ကျွန်တော်က ခန္ဓာကိုယ်

　　　　쯔너. 　　　　와따나가.더. 　　　　아:까싸:바 　　　　쯔너가. 　　　　칸다꼬

　　　　လှုပ်ရှားရတာကို ကြိုက်တယ်။

　　　　흐롯.샤:야.다고 　　　　짜익.데

မီဆို　　　　ဘယ်လို အားကစားမျိုးကို ကြိုက်တာလဲ။

　　　　베로 　　　　아:까싸:묘:고 　　　　짜익.따레:

ကိုထက်　　　ရေကူးတာကို ကြိုက်တယ်။ ဒီအပတ် ပိတ်ရက်မှာ ရေကူးကန်

　　　　예이꾸:다고 　　　　짜익.데 　　　　디아빳. 　　　　삐잇.약.흐마 　　　　예이꾸:깐

　　　　သွားမလားလို့ စဉ်းစားနေတယ်။

　　　　똬:마라:로. 　　　　씬:싸:네이데

မီဆို　　　　ဟုတ်လား။

　　　　훗.라:

■■■ 해석

꼬탓   미소 씨는 취미가 뭐예요(어떤 취미가 있어요)?

미소   그림 그리기, 글 쓰기랑 책 읽기류의 취미가 있어요. 꼬탓 씨는요?

꼬탓   저의 취미는 운동이에요. 저는 몸을 움직이는 걸 좋아해요.

미소   어떤 운동을 좋아해요?

꼬탓   수영하는 걸 좋아해요. 이번 주말에 수영장에 갈까 해요(생각하고 있어요).

미소   그렇군요.

■■■ 새 단어

□ ဝါသနာ 와따나 취미
□ ဝါသနာပါသည် 와따나빠디 취미를 가지다
□ ပန်းချီဆွဲသည် 바지쉐:디 그림을 그리다
□ စာရေးသည် 싸예이:디 글을 쓰다
□ စာဖတ်သည် 싸팟.디 책을 읽다
□ အားကစား 아:까싸: 운동

□ ခန္ဓာကိုယ် 칸다꼬 몸
□ လှုပ်ရှားသည် 흐롯.샤:디 움직이다
□ ကြိုက်သည် 짜익.디 좋아하다
□ ရေကူးသည် 예이꾸:디 수영하다
□ ရေကူးကန် 예이꾸:깐 수영장
□ စဉ်းစားသည် 씬:싸:디 생각하다

문법

01 동사 + မလားလို့

မလားလို့ 마라:로.는 '~ㄹ까'의 뜻으로, 어떤 행동을 할 마음이나 생각이 있음을 나타낸다. 동사 뒤에 붙여 사용한다.

ကျွန်တော် တရုတ်စာ သင်မလားလို့ စဉ်းစားနေတယ်။   저는 중국어를 배울까 하고 있어요.
쩌너   따옷.싸   띤마라:로.   씬:싸:네이데

မနက်စာကို ကြက်ဥပေါင်း စားမလားလို့ လုပ်နေတယ်။   아침은 계란찜을 먹을까 해요.
마넉.싸고   짝.우.빠옹: 싸:마라:로.   롯.네이데

ဒီနေ့ အိမ်မှာ နားမလားလို့ လုပ်နေတယ်။   오늘은 집에서 쉴까 해요.
디네이.   에잉흐마   나:마라:로.   롯.네이데

02 명사 + မျိုး

မျိုး 묘:는 '~류'에 해당하는 의미로, 명사 뒤에 붙어 '그것의 종류'라는 뜻을 더하는 접미사이다.

ဘယ်လို အစားအစာမျိုးကို ကြိုက်လဲ။   어떤 음식류를 좋아하세요?
베로   아싸:아싸묘:고   짜익.레:

ဘယ်လို အားကစားမျိုးကို ကြိုက်လဲ။   어떤 종류의 운동을 좋아하세요?
베로   아:가싸:묘:고   짜익.레:

ကျွန်မက ချိုတဲ့ အစားအစာမျိုးကို ကြိုက်တယ်။   저는 달콤한 음식류를 좋아해요.
쩌마.가.   초데.   아싸:아싸묘:고   짜익.데

새 어 휘 တရုတ်စာ 따옷.싸 중국어, ကြက်ဥပေါင်း 짝.우.빠옹: 계란찜, နားသည် 나:디 쉬다

03 동사 + ရတာ

ရတာ 야.다는 '～는 게', '～아/어서'에 해당하는 의미로, 좋다, 싫다 등 감정의 원인이나 근거를 말할 때 동사 뒤에 붙여 사용하는 연결어미이다.

တွေ့ရတာ ဝမ်းသာပါတယ်။
뛔이.야.다   완:따바데
만나서 반갑습니다.

အားကစားလုပ်ရတာ ကြိုက်တယ်။
아:까싸:롯.야.다   짜익.데
운동하는 게 좋아요.

ဒီမှာ နေရတာ ပျော်တယ်။
디흐마 네이야.다   뼈데
여기서 사는 게 행복해요.

04 동사 + တာ

တာ 다는 동사를 명사로 바꾸는 역할을 하여, 동사 뒤에 တာ 다가 붙으면 '～ㄴ 것', '～기'의 의미가 된다.

ရေကူးတာထက် စာဖတ်တာကို ပိုကြိုက်တယ်။
예이꾸:다탓   싸팟.다고   뽀짜익.데
수영하는 것보다 책 읽는 것을 더 좋아해요.

အချိန်ရှိရင် ပန်းချီဆွဲတာ၊ စာဖတ်တာ လုပ်တယ်။
아체인시.인   바지쉐:다   싸팟.다   롯.데
시간이 있으면 그림 그리기, 책 읽기를 해요.

မနက်စာစားတာ ကျန်းမာရေးအတွက် ကောင်းတယ်။
마낵.싸싸:다   짠:마예이:아뚝.   까웅:데
아침을 먹는 것이 건강에 좋아요.

🆕어휘 **ကျန်းမာရေး** 짠:마예이: 건강

🎧 듣기

1 발음을 듣고 따라 읽으세요. 🎧 12-2

(1) ဝါသနာပါတယ်။　　(2) ပန်းချီဆွဲသည်　　(3) စာရေးသည်

(4) စာဖတ်သည်　　(5) ခန္ဓာကိုယ်　　(6) လှုပ်ရှားသည်

(7) ရေကူးသည်　　(8) ရေကူးကန်　　(9) အားကစားလုပ်သည်

2 문장을 듣고 내용과 관련된 그림을 고르세요. 🎧 12-3

(1) ⓐ  　ⓑ  　ⓒ

(2) ⓐ  　ⓑ  　ⓒ

💬 **말하기**

1 다음 질문에 보기와 같이 답하세요.

> | 보기 |
>
> A: ဘာဝါသနာပါလဲ။
>
> B: <u>ပန်းချီဆွဲတာ ဝါသနာပါတယ်။</u>

(1) A: ဘာဝါသနာပါလဲ။

B: _____ (အားကစားလုပ်သည်)

(2) A: ဘာဝါသနာပါလဲ။

B: _____ (ရုပ်ရှင်ကြည့်သည်)

(3) A: ဘာဝါသနာပါလဲ။

B: _____ (ဟင်းချက်သည်)

2 다음 대화를 완성하세요.

(1) A: နောက်အပတ် စနေနေ့ ဘာလုပ်မှာလဲ။

B: _____ (친구와 영화를 볼까 해요.)

(2) A: အားရင် ဘာလုပ်လဲ။

B: _____ (그림을 그려요.)

(3) A: ဘယ်လို အားကစားမျိုးကို ကြိုက်လဲ။

B: _____ (수영하는 것을 좋아해요.)

연습문제

📝 **쓰기**

다음 문장을 미얀마어로 쓰세요.

(1) 취미가 뭐예요?

_____

(2) 그림 그리기랑 책 읽기예요.

_____

(3) 제 취미는 운동이에요.

_____

(4) 어떤 종류의 운동을 좋아해요?

_____

(5) 몸을 움직이는 걸 좋아해요.

_____

어휘

◆ 취미 12-4

ရုပ်ရှင်ကြည့်သည် 욧.신찌.디	영화 보다
ဂစ်တာတီးသည် 깃따띠:디	기타 치다
သီချင်းဆိုသည် 따친:소디	노래 부르다
ကသည် 까.디	춤추다
ဓာတ်ပုံရိုက်သည် 닷.뿐야익.디	사진 찍다
ဘောလုံးကန်သည် 버론:깐디	축구하다
အားကစားလုပ်သည် 아:가싸:롯.디	운동하다
ဈေးဝယ်ထွက်သည် 제이:외퉛.디	쇼핑하다
ဂိမ်းဆော့သည် 게임:써.디	게임하다
တီဗီကြည့်သည် 띠비찌.디	TV 보다
ဘေ့စ်ဘောရိုက်သည် 베이.스버:야익.디	야구하다
ဟင်းချက်သည် 힝:책.디	요리하다

미얀마를 소개합니다

■ 다자웅다인 축제(등불 축제) ■

다자웅다인 축제는 미얀마의 유명한 축제 중 하나이며 미얀마의 추석이라고 부르기도 합니다. 다자웅다인 축제는 미얀마 달력으로 음력 8월(다자웅몬)이며, 보통 11월 중순 대보름날에 열립니다.

다자웅다인 축제 때는 오전에는 절에 가서 스님들께 승복을 공양하고, 저녁에는 절이나 탑에 가서 초에 불을 붙이거나 연등을 날립니다. 축제는 미얀마 전국에서 열리지만 인레이 호수 근처에 있는 따웅지라는 도시에서 크게 열립니다.

다자웅몬 보름날에 미얀마 사람들이 재미있게 하는 놀이가 있는데, 장난으로 이웃집 물건과 자신의 집 물건을 바꿔 놓는 것입니다. 작은 물건들은 바꾼 채로 갖기도 하고, 값비싼 물건은 바로 다음 날에 주인에게 돌려줍니다. 이날엔 유일하게 도둑질을 할 수 있는데, 이웃집 닭을 훔쳐 먹거나 과일 등을 따 먹어도 주인이 그냥 넘어가 줍니다. 그리고 동네의 부유한 사람이 이웃들을 위해 추첨행사를 열어 상품을 나누어 주기도 합니다. 음식을 나누기도 하며, 어린이들에게는 용돈을 주기도 합니다.

다자웅몬 보름날에 미얀마 사람들이 꼭 먹는 음식이 있는데, 바로 메즈리푸 샐러드입니다. 이것은 메즈리라는 나무의 꽃을 삶아서 콩, 토마토, 양파, 기름 등을 넣어 만든 샐러드입니다. 이 샐러드를 다자웅몬 보름날에 먹으면 약이 되어 한 해 동안 건강하다고 믿습니다.

13

ပုဂံကို ဘယ်လို သွားရလဲ။
바간에 어떻게 가요?

ကိုထက်	မီဆို မြန်မာကို ရောက်တာ ကြာပြီလား။
	미소 먄마고 야욱.따 짜비라:
မီဆို	မြန်မာကို ရောက်တာ လေလောက် ရှိပါပြီ။
	먄마고 야욱.따 차웃.라.라욱. 시.바비
ကိုထက်	ပုဂံ ရောက်ဖူးလား။
	바간 야욱.푸:라:
မီဆို	အခုထိ မရောက်ဖူးသေးဘူး။ ပုဂံကို ဘယ်လို သွားရလဲ။
	아쿠.티. 마야욱.푸:떼이:부: 바간고 베로 따:야.레:
ကိုထက်	ရန်ကုန်ကနေ လေယာဉ် စီးရမှာ။ ကားနဲ့လည်း သွားလို့ရပါတယ်။
	양곤가.네이 레이인 씨:야.흐마 까:네.레: 따:로.야.바데
မီဆို	ဟုတ်လား။ အချိန်ရရင် တစ်ခေါက် သွားကြည့်ဦးမယ်။
	훗.라: 아체인야.인 따카욱. 따:찌.옹:메

꼬탓	미소 씨 미얀마에 온 지 오래됐어요?
미소	미얀마에 온 지 6개월 정도 됐어요.
꼬탓	바간에 가봤어요?
미소	아직 못 가봤어요. 바간에 어떻게 가요?
꼬탓	양곤에서 비행기를 타야 돼요. 차로도 갈 수 있어요.
미소	그래요? 시간이 있으면 한번 가볼게요.

새 단어

- ရောက်သည် 야욱.디 도착하다. (목적지에) 가다/오다
- ကြာသည် 짜디 (시간이) 걸리다
- လ 라. 개월
- လောက် 라욱. 정도
- အခုထိ 아쿠.티. 아직
- ဘယ်လို 베로 어떻게
- လေယာဉ် 레이인 비행기
- စီးသည် 씨:디 타다
- ကား 까: 차
- လည်း 레: ~도
- အချိန် 아체인 시간
- တစ်ခေါက် 따카욱. 한번
- ကြည့်သည် 찌.디 보다

문법

01 동사 + ဖူး

ဖူး 푸:는 '～아/어보다'라는 뜻으로 동사 뒤에 붙여 시도나 경험을 나타내는 보조동사이다. 뒤에 의문문 종결어미 လား 라:를 붙이면 '～아/어봤어요?', '～아/어본 적 있어요?'라는 의문문이 되고, 평서문 종결어미 တယ် 데를 붙이면 '～아/어봤어요', '～아/어본 적 있어요'라는 평서문이 된다.

မြန်မာအစားအစာ စားဖူးလား။   미얀마 음식을 먹어봤어요?
먄마아싸:아싸   싸:푸:라:

ကိုရီးယား ရောက်ဖူးလား။   한국에 가봤어요?
꼬리:야: 야욱.푸:라:

ပိုက်ဆံအိတ် ပျောက်ဖူးတယ်။   지갑을 잃어버린 적이 있어요.
빠익.싼에잇.   빠욱.푸:데

02 မ + 동사 + ဖူးဘူး

'～ㄴ 적이 없어요', '～아/어보지 않았어요'라는 표현은 부정 표현인 'မ 마. + 동사 + ဘူး 부:'에서 ဘူး 부: 앞에 시도나 경험의 뜻을 나타내는 ဖူး 푸:를 붙여 표현한다. ဖူး 푸: 뒤에 '아직'의 의미인 연결어미 သေး 떼이:를 붙여 사용하기도 한다.

ဂျယ်ဂျူကျွန်းကို မသွားဖူးသေးဘူး။   제주도에 아직 가본 적이 없어요.
제주쭌:고   마똬:푸:떼이:부:

ဂျပန် အစားအစာ မစားဖူးဘူး။   일본 음식을 안 먹어봤어요.
짜빤   아싸:아싸   마싸:푸:부:

ဒီဇာတ်ကား မကြည့်ဖူးဘူး။   이 영화 본 적이 없어요.
디잣.까: 마찌.푸:부:

🆕 어 휘 ပိုက်ဆံအိတ် 빠익.산에잇. 지갑, ပျောက်သည် 빠욱.디 잃다/잃어버리다, ဂျယ်ဂျူကျွန်း 제주쭌: 제주도

03 동사 + ရ

ရ 야.는 '〜아/어야'라는 뜻의, 당위를 나타내는 연결어미다.

ဒီနေ့ အလုပ် ပြီးအောင် လုပ်ရမယ်။ 오늘 일을 다 끝내야 해요.
디네이. 아룻.　삐:아옹　롯.야.메

အားကစား လုပ်ရမယ်။ 운동을 해야 해요.
아:까사:　롯.야.메

စာမေးပွဲ အောင်ရမယ်။ 시험을 합격해야 해요.
싸메이:뿨:　아옹야.메

04 명사 + နဲ့

နဲ့ 네.는 '〜(으)로'라는 뜻으로, 명사 뒤에 붙여 수단이나 방법을 나타낸다. '무엇으로 〜해요?'라는 의문문은 의문사 ဘာ 바를 사용하여 'ဘာနဲ့ 바네. + 동사 + လဲ 레:'의 형식으로 말한다.

ဆိုးလ်ကို ရထားနဲ့ သွားတယ်။ 서울에 기차로 가요.
솔:고　야타:네.　똬:데

ကလေးက ထမင်းကို ဇွန်းနဲ့ စားတယ်။ 아이가 밥을 숟가락으로 먹어요.
까레이:가.　타밍:고　준:네.　싸:데

ကျောင်းကို ကားနဲ့ သွားတယ်။ 학교에 차로(차를 타고) 가요.
짜웅:고　까:네.　똬:데

🆕 어 휘 **စာမေးပွဲ** 싸메이:뿨: 시험, **အောင်သည်** 아웅디 합격하다, **ဇွန်း** 준: 숟가락

연습문제

* 연습문제의 어휘는 〈어휘〉 파트를 참고하세요.

1 발음을 듣고 따라 읽으세요. 13-2

(1) ရောက်တာ ကြာပြီလား။   (2) လေလောက်ရှိပြီ။   (3) ပုဂံ

(4) ရောက်ဖူးလား။   (5) မရောက်ဖူးဘူး။   (6) ဘယ်လို သွားရလဲ။

(7) လေယာဉ်   (8) တစ်ခေါက်   (9) သွားကြည့်ဦးမယ်။

2 문장을 듣고 내용과 관련된 그림을 고르세요. 13-3

(1) ⓐ 　　ⓑ 　　ⓒ

(2) ⓐ 　　ⓑ 　　ⓒ

말하기

1 다음 질문에 보기와 같이 답하세요.

| 보기 |

A: မြန်မာကို ရောက်ဖူးလား။

B: ရောက်ဖူးပါတယ်။

မရောက်ဖူးဘူး။

(1) A: ကိုရီးယား အစားအစာ စားဖူးလား။

B: _____

_____

(2) A: ဆိုဂျူ သောက်ဖူးလား။   * ဆိုဂျူ 소주 소주

B: _____

_____

(3) A: ဒီစာအုပ် ဖတ်ဖူးလား။

B: _____

_____

2 다음 대화를 완성하세요.

(1) A: ဆိုးလ်ကနေ ဘူဆန်ကို ဘယ်လို သွားရလဲ။

B: _____

(비행기로/기차로 갈 수 있어요.)

(2) A: ကျောင်းကို ဘာနဲ့ သွားလဲ။

B: _____

(버스로 가요.)

13 바간에 어떻게 가요?   149

연습문제

📝 **쓰기**

다음 문장을 미얀마어로 쓰세요.

(1) 미얀마에 온 지 오래됐어요?

_____

(2) 미얀마에 온 지 6개월 정도 됐어요.

_____

(3) 아직 못 가봤어요.

_____

(4) 양곤에서 비행기를 타야 해요.

_____

(5) 차로도 갈 수 있어요.

_____

어휘

◆ 교통 수단

ဘတ်စ်ကား
바스까:

버스

တက္ကစီ
탁.시

택시

ရထား
야타:

기차

မြေအောက်ရထား
메이아욱.야타:

지하철

ဆိုင်ကယ်
사인께

오토바이

စက်ဘီး
색.베잉:

자전거

လေယာဉ်ပျံ
레이인빠

비행기

သင်္ဘော
띤:버:

배

◆ 장소

အိမ် 에잉	집	**ကျောင်း** 짜웅:	학교
ရုပ်ရှင်ရုံ 욧.신욘	영화관, 극장	**ပန်းခြံ** 빤:찬	공원
ဈေး 제이:	시장	**ရွှေ့ပင်းမောလ်** 셔삔:멀	쇼핑몰
ဘဏ် 반	은행	**ရဲစခန်း** 예이:사칸:	경찰서
စာအုပ်ဆိုင် 싸옷.사인	서점	**ကော်ဖီဆိုင်** 꺼피사인	커피숍

미얀마를 소개합니다

■ 바간(Bagan) ■

바간은 미얀마 중부 지방에 있는 도시로, 미얀마 최고의 불교 유적지이자 관광지입니다. 동서남북 어디를 향해도 탑과 사원들을 볼 수 있는 불탑의 도시로 2500여 개가 넘는 사원과 탑이 세워져 있습니다. 거대한 규모로 화려하게 세워진 사원들이 있는가 하면 무너져가는 작고 단순한 흙벽돌로 된 탑들도 있습니다. 대부분 11~13세기에 지어진 탑과 사원들입니다. 탑과 사원들 안에 있는 유물, 벽화 및 조각품들은 미얀마 초기 소승불교제국의 종교적 믿음을 반영하고 있습니다.

바간 유적은 아주 넓은 지역에 흩어져 있기 때문에 모두 둘러보는 것은 불가능합니다. 바간에서 유명한 관광지로는 가장 규모가 크고 보존이 잘 된 아난다 파고다, 1144년에 전지전능한 부처라는 뜻으로 세워진 탓빈뉴파야, 애야와디 강가에 자리잡고 있는 쉐씨곤 파고다 등이 있습니다.

바간의 일출과 노을 풍경은 장관을 이루기도 합니다. 바간은 2019년 7월에 유네스코 세계문화유산에 등재되었습니다.

14

ရုပ်ရှင်ရုံက ရိုးမဘဏ် ဘေးမှာ ရှိပါတယ်။

극장은 요마 은행 옆에 있어요.

🎧 14-1

미쏘	တစ်ခုလောက် မေးပါရစေ။
	따쿠. 라욱. 메이:바야.세이
루응애	ဟုတ်ကဲ့။ ဘာကူညီပေးရမလဲ။
	홋.께. 바꾸니뻬이:야.마레:
미쏘	မြို့မရပ်ရှင်ရုံက ဘယ်နားမှာ ရှိတာလဲ။
	묘.마.웃.신욘가. 베나:흐마 시.다레:
루응애	မြို့မရပ်ရှင်ရုံက ရိုးမဘက် ဘေးမှာပါ။
	묘.마.웃.신욘가. 요:마.반 베이:흐마바
미쏘	ဒီကနေ ဘယ်လိုသွားရမလဲ။ ပြောပြပေးပါလား။
	디가.네이 베로똬:야.마레: 뺘:뺘.뻬이:바라:
루응애	ဒီကနေ တည့်တည့် ဆက်သွားပြီး ရွှေဖြူဟိုတယ်ကို တွေ့ရင်
	디가.네이 떼.떼. 색.똬:삐: 쉐이퓨호떼고 뛔이.인
	ညာဘက်ကို ကွေ့ပါ။ နည်းနည်း ဆက်လျှောက်လိုက်ရင်
	냐백.고 꿰이.바 네:네: 색.샤욱.라익.인
	ရိုးမဘက်ကို တွေ့ပါလိမ့်မယ်။ ဘက်ရဲ့ ဘေးက
	요:마.반고 뛔이.바레인.메 반예. 베이:가.
	အဆောက်အဦးက မြို့မရပ်ရှင်ရုံပါပဲ။
	아사욱.아옹:가. 묘.마.웃.신욘바베:
미쏘	ကျေးဇူးတင်ပါတယ်။
	쩨이:주:띤바데

미소	뭐 좀 여쭤볼게요.
젊은이	네. 무엇을 도와드릴까요?
미소	묘마 극장이 어디에 있어요?
젊은이	묘마 극장은 요마 은행 옆에 있어요.
미소	여기서 어떻게 가야 해요? 알려주시겠어요?
젊은이	여기서 직진해서 계속 가다가 쉐이퓨 호텔이 보이면 오른쪽으로 도세요. 조금만 계속 걸어가면 요마 은행이 보일 거예요. 은행의 옆 건물이 묘마 극장이에요.
미소	고맙습니다.

■■■ 새 단어

□ တစ်ခုလောက် 따쿠.라욱 뭐 좀	□ ဟိုတယ် 호떼 호텔
□ မေးသည် 메이:디 묻다	□ တွေ့သည် 뛔이.디 보이다
□ လူငယ် 루으에 젊은이	□ ညာဘက် 냐백. 오른쪽
□ ကူညီသည် 꾸니디 돕다	□ ကွေ့သည် 꿰이.디 돌다
□ ဘေး 베이: 옆	□ နည်းနည်း 네:네: 조금
□ ပြောပြသည် 뼈:빠.디 말해주다, 알려주다	□ လျှောက်သည် 샤욱.디 걷다
□ ဒီကနေ 디가.네이 여기서	□ အဆောက်အဦး 아사욱.아웅: 건물
□ တည့်တည့် 떼.떼. 직진해서, 쭉	□ ကျေးဇူးတင်သည် 쩨이:주:띤디 고맙다
□ ဆက်သွားသည် 색.똬:디 계속 가다	

문법

01 동사 + ပါရစေ

ပါရစေ 바야.세이는 '~(하)게 해주세요'라는 뜻으로, 부탁이나 기도, 바람의 뜻을 나타내는 종결어미이다. 동사 뒤에 붙여 사용한다.

အောင်မြင်ပါရစေ။ 성공하게 해주세요.
아웅메인바야.세이

အရာရာ အဆင်ပြေပါရစေ။ 모든 것이 잘되게 해주세요.
아야야   아신뻬이바야.세이

ဒါလေး အရင် လုပ်ပါရစေ။ 이것부터 먼저 하게 해주세요.
다레이: 아인   롯.바야.세이

02 동사 + ပေး

ပေး 뻬이:는 '~아/어주다'의 뜻을 나타내는 보조동사이다.

အိမ်စာ ကူလုပ်ပေးပါ။ 숙제를 같이 해주세요.
에잉싸   꾸룻.뻬이:바

ပြတင်းပေါက် ပိတ်ပေးပါ။ 창문을 닫아주세요.
바딘:빠욱.   뻬익.뻬이:바

ပြောပြပေးပါ။ 알려주세요.
뺘:빠.뻬이:바

새 어 휘 **အောင်မြင်သည်** 아웅메인디 성공하다. **အရာရာ** 아야야 모든 것. **အဆင်ပြေသည်** 아신뻬이디 잘되다. **အရင်** 아인 먼저. **ပြတင်းပေါက်** 바딘:빠욱. 창문

03 명사 + ရဲ့

명사 뒤에 ရဲ့ 예.를 붙이면 '∼의'라는 소유의 뜻이 된다.

ဒါက ကျွန်မရဲ့ စာအုပ်ပါ။   이것이 제 책이에요.
다가.   쯔마.예.   싸옷.바

သူက မီဆိုရဲ့ ချစ်သူပါ။   그가 미소의 남자친구예요.
뚜가.   미소예.   칫뚜바

ဒီဟင်းကတော့ အမေ့ရဲ့ လက်ရာပါ။   이 요리는 엄마의 솜씨예요.
디힝:가.더.   아메이.예.   랙.야바

04 ဆက် + 동사

ဆက် 색.은 '계속 ∼하다'의 뜻을 나타내며, 동사 앞에 붙여 사용한다.

ဒီလမ်းအတိုင်း ဆက်သွားရင် ကော်ဖီဆိုင်ရှိတယ်။   이 길로 계속 가면 커피숍이 있어요.
디란:아따인: 색.똬:인   꺼피사인시.데

ဒီလို ဆက်ကြိုးစားရင် စာမေးပွဲ အောင်မှာပါ။   이렇게 계속 노력하면 시험에 합격할 거예요.
디로   색.쪼:싸:인   싸메이:뾔: 아웅흐마바

ကျွန်မက နောက်နှစ်ထိ ကိုရီးယားမှာ ဆက်နေမှာပါ။   저는 내년까지 한국에 계속 있을 거예요.
쯔마.가.   나욱.닛.티.   꼬리:야:흐마   색.네이흐마바

새 어 휘 ချစ်သူ 칫.뚜 애인, ဟင်း 힝: 요리, လက်ရာ 랙.야 솜씨, နောက်နှစ် 나욱.닛 내년

연습문제 * 연습문제의 어휘는 〈어휘〉 파트를 참고하세요.

듣기

1 발음을 듣고 따라 읽으세요.   14-2

  (1) တစ်ခုလောက်   (2) မေးပါရစေ။   (3) ကူညီသည်

  (4) ရုပ်ရှင်ရုံ   (5) ရိုးမဘဏ်   (6) အဆောက်အဦး

  (7) ညာဘက်   (8) တွေ့သည်   (9) ဆက်လျှောက်သည်

2 문장을 듣고 내용과 관련된 그림을 고르세요.   14-3

(1) ⓐ    ⓑ    ⓒ

(2) ⓐ    ⓑ    ⓒ

🗨 말하기

다음 질문에 보기와 같이 답하세요.(괄호 안의 단어를 기준으로 할 것)

| 보기 |

A: ကော်ဖီဆိုင်က ဘယ်နားမှာ ရှိတာလဲ။

B: <u>ကော်ဖီဆိုင်က ရုပ်ရှင်ရုံရဲ့ မျက်နာချင်းဆိုင်မှာ ရှိပါတယ်။</u>

(1) A: ရုပ်ရှင်ရုံက ဘယ်နားမှာ ရှိတာလဲ။

B: _____ (ဘဏ်)

(2) A: ပန်းခြံက ဘယ်နားမှာ ရှိတာလဲ။

B: _____ (ကော်ဖီဆိုင်, ရဲစခန်း)

(3) A: ကျောင်းက ဘယ်နားမှာ ရှိတာလဲ။

B: _____ (စာအုပ်ဆိုင်)

연습문제

📝 쓰기

다음 문장을 미얀마어로 쓰세요.

(1) 뭐 좀 여쭤볼게요.

_____

(2) 무엇을 도와드릴까요?

_____

(3) 극장이 어디에 있어요?

_____

(4) 극장은 은행 옆에 있어요.

_____

(5) 호텔이 보이면 오른쪽으로 가세요.

_____

어휘

◆ 위치, 방향　　　　　　　　　　　　　　　　　　🎧 14-4

အပေါ် 아뻐	위	အောက် 아욱.	아래
ရှေ့ 세잇.	앞	နောက် 나욱.	뒤
ဘေး 베이:	옆	ကြား 자:	사이
ညာဘက် 냐백.	오른쪽	ဘယ်ဘက် 베백.	왼쪽
မျက်နှာချင်းဆိုင် 먓나친:사인	맞은편	အလယ် 알레	가운데
အရှေ့ 아세잇.	동	အနောက် 아나욱.	서
တောင် 따웅	남	မြောက် 먀욱.	북

미얀마를 소개합니다

■ 미얀마의 기부 문화 ■

미얀마는 불교 국가로서 기부가 거의 일상화된 나라입니다. 미얀마인들은 가진 것이 많아야 나눌 수 있다고 생각하지 않고, 가난하더라도 할 수 있는 만큼 기부를 하려고 합니다. 특히 불교와 관련된 일에 기부를 많이 합니다.

미얀마에서는 아침마다 스님들에게 식사를 공양합니다. 사람들은 해가 뜨기 전 4시쯤 일어나서 밥과 반찬을 준비해 새벽 5시쯤 발우를 들고 맨발로 탁발 행렬을 하는 스님들께 공양을 합니다. 미얀마 스님들은 자신이 직접 요리한 음식을 먹으면 안 되며(남자 스님) 점심 식사를 12시 전에 마쳐야 하기 때문에 이른 시간에 탁발 행렬을 진행합니다. 스님들은 12시가 넘으면 물과 주스를 제외한 어떤 음식도 섭취해서는 안 됩니다. 여자 스님들은 직접 요리를 할 수 있기 때문에 쌀과 같은 식재료를 기부하기도 합니다.

음식을 공양하는 것 외에 절이나 탑을 세우거나 절에 금을 붙이는 형식으로 기부를 하기도 합니다. 미얀마인들은 이번 생에 기부를 많이 하면 다음 생에 부자로 태어날 것이라고 믿습니다.

일상의 소소한 부분에서도 기부를 실천하는 모습을 볼 수 있습니다. 미얀마 곳곳에 물 항아리가 놓여있는 것을 볼 수 있는데, 이것은 지나가다가 목이 마르면 누구나 물을 마실 수 있게 비치해 놓은 것이고, 항아리의 물은 바닥나지 않도록 주변 사람들이 채워놓습니다. 미얀마 거리 곳곳에서 벼 이삭을 나르는 풍경도 자주 볼 수 있는데, 이것은 새들에게 줄 먹이를 챙겨놓는 것입니다. 이는 야생의 새들도 사람과 더불어 살아야 한다는 생명의 존엄성을 중시하는 불교 문화의 영향입니다.

15

မြန်မာလို ပြောတတ်လား။

미얀마어 할 줄 알아요?

ကိုထက် မီဆိုက မြန်မာလို ကောင်းကောင်း ပြောတတ်တယ်ထင်တယ်။
미소가. 만마로 까웅:까웅: 뼈:뗏.데틴데

မီဆို ကျေးဇူးတင်ပါတယ်။
쩨이:주:띤바데

ကိုထက် မြန်မာလိုရော ရေးတတ်လား။
만마로여: 예이:뗏.라:

မီဆို နည်းနည်းပါးပါး ရေးတတ်ပါတယ်။ ကိုထက်ကရော ကိုရီးယားလို
네:네:빠:빠: 예이:뗏.바데 꼬탓가.여 꼬리:야:로

ပြောတတ်လား။
뼈:뗏.라:

ကိုထက် မပြောတတ်ဘူး။ လေ့လာကြည့်ချင်ပေမယ့် တစ်ယောက်တည်း
마뼈:뗏.부: 레이.라찌.친뻬이메. 따야욱.떼:

လေ့လာရတာ ခက်တယ်လေ။
레이.라야.다 캑.데레이

မီဆို ကျွန်မ ကူညီပေးပါ့မယ်။
쯔마. 꾸니뻬이:바.메

ကိုထက် တကယ်လား။ ကျေးဇူးတင်ပါတယ်။
다개라: 쩨이:주:띤바데

■■■ 해석

꼬탓   미소 씨는 미얀마어를 잘하는 것 같아요.

미소   고마워요.

꼬탓   미얀마어를 쓸 줄도 알아요?

미소   조금 쓸 줄 알아요. 꼬탓 씨는 한국어 할 줄 알아요?

꼬탓   할 줄 몰라요. 공부를 해보고 싶지만, 혼자 하기가 어렵더라고요.

미소   제가 도와드릴게요.

꼬탓   정말요? 고마워요.

■■■ 새 단어

□ ကောင်းကောင်း 까웅:까웅: 잘	□ လေ့လာသည် 레이.라디 공부하다
□ ပြောသည် 뼈:디 말하다	□ တစ်ယောက်တည်း 따야욱.떼: 혼자
□ ရေးသည် 예이:디 쓰다	□ ခက်သည် 캑.디 어렵다
□ နည်းနည်းပါးပါး 네:네:빠:빠: 조금	□ ကူညီသည် 꾸니디 돕다

문법

동사 + တတ်

တတ် 뗏.은 '~ㄹ 줄 알다', '~ㄹ 수 있다'의 뜻으로, 능력을 나타내는 보조동사이다. 뒤에 의문문 종결어미 လား 라:를 붙이면 '~ㄹ 줄 알아요?'라는 의문문이 되고, 평서문 종결어미 တယ် 데를 붙이면 '~ㄹ 줄 알아요'라는 평서문이 된다.

ဂစ်တာ တီးတတ်လား။   기타를 칠 줄 알아요?
깃따   띠:뗏.라:

စက်ဘီး စီးတတ်လား။   자전거를 탈 줄 알아요?
쌕.베잉: 씨:뗏.라:

ကျွန်မ ကိုရီးယား အစားအစာ ချက်တတ်တယ်။   저는 한국 음식을 할 줄 알아요.
쯔마.   꼬리:야: 아싸:아싸   책.뗏.데

02
동사/형용사 + ထင်တယ်

ထင်တယ် 틴데는 '~ㄴ 것 같아요'라는 뜻으로, 추측의 의미를 나타내는 종결어미이다. 동사나 형용사에 붙여 사용한다.

မီဆိုက တရုတ်စာကို သင်နေတယ်ထင်တယ်။   미소가 중국어를 배우는 것 같아요.
미소가.   따욷.싸고   띤네이데틴데

နောက်ကျမယ်ထင်တယ်။   늦을 것 같아요.
나욱.짜.메틴데

မနက်ဖြန် မိုးရွာမယ်ထင်တယ်။   내일 비가 올 것 같아요.
마낵.퍤   모:유와메틴데

새 어 휘 ဂစ်တာ တီးသည် 깃따 띠:디 기타를 치다, စက်ဘီး စီးသည် 쌕.베잉: 씨:디 자전거를 타다, နောက်ကျသည် 나욱.짜.디 늦다

03 명사 + ရော

ရော 여:는 '~도'라는 뜻으로, '마찬가지로'의 의미를 나타내는 조사이다. 명사 뒤에 붙여 사용한다.

အင်္ဂလိပ်စာ ဘွဲ့ရော ရထားတယ်။
잉글릿싸   뵈.여: 야.타:데

영어 학위도 받았어요.

မောင်လေးရော ညစာ အတူတူ စားတယ်။
마웅레이:여: 냐.싸   아뚜뚜   싸:데

동생도 저녁 같이 먹어요.

နင်ရော သွားမှာလား။
닌여: 똬:흐마라:

너도 갈 거야?

04 동사/형용사 + ပေမယ့်

ပေမယ့် 뻬이메.는 '~지만'이라는 뜻을 나타내는 연결어미이다. 동사나 형용사 뒤에 붙여 사용한다.

သူမက လှပေမယ့် အကျင့် မကောင်းဘူး။
뚜마.가.   흘라.뻬이메.   아찐.   마까웅:부:

그녀는 예쁘지만 성격이 안 좋아요.

ကိုရီးယားစာကို လေ့လာချင်ပေမယ့် အချိန် မရှိဘူး။
꼬리야:싸고   레이.라친뻬이메.   아차인   마시.부:

한국어를 공부하고 싶지만 시간이 없어요.

ဒီလွယ်အိတ်က လှပေမယ့် ဈေး:ကြီးတယ်။
디래에잇.가.   흘라.뻬이메.   제이:찌:데

이 가방은 예쁘지만 비싸요.

새 어 휘 **ဘွဲ့** 뵈. 학위, **အကျင့်** 아찐. 성격, **လွယ်အိတ်** 래에잇. 가방

연습문제 *연습문제의 어휘는 〈어휘〉 파트를 참고하세요.

🔊 듣기

1 발음을 듣고 따라 읽으세요. 🎧 15-2

(1) ပြောတတ်လား။　　(2) နည်းနည်းပါးပါး　　(3) ကောင်းကောင်း

(4) ရေးတတ်လား။　　(5) ကျေးဇူးတင်ပါတယ်။　　(6) လေ့လာကြည့်သည်

(7) တစ်ယောက်တည်း　　(8) ကူညီပေးပါ့မယ်။　　(9) တကယ်လား။

2 문장을 듣고 내용과 관련된 그림을 고르세요. 🎧 15-3

(1) ⓐ

ⓑ

ⓒ

(2) ⓐ

ⓑ
ⓒ

💬 **말하기**

1 다음 질문에 보기와 같이 답하세요.

> | 보기 |
> A: မြန်မာလို ပြောတတ်လား။
> B: ပြောတတ်ပါတယ်။
> မပြောတတ်ဘူး။

(1) A: ပန်းချီဆွဲတတ်လား။

B: _____

_____

(2) A: ဂစ်တာ တီးတတ်လား။

B: _____

_____

(3) A: ဟင်းချက်တတ်လား။

B: _____

_____

2 다음 대화를 완성하세요.

(1) A: ကိုရီးယားလို ပြောတတ်လား။

B: _____

(할 줄 몰라요. 공부를 해보고 싶지만 시간이 없어요.)

(2) A: မြန်မာလို ကောင်းကောင်း ပြောတတ်လား။

B: _____

(말할 줄은 알지만 쓸 줄은 몰라요.)

연습문제

📝 **쓰기**

다음 문장을 미얀마어로 쓰세요.

(1) 미얀마어를 잘하는 것 같아요.

_____

(2) 한국어 할 줄 알아요?

_____

(3) 미얀마어 쓸 줄 알아요?

_____

(4) 공부를 해보고 싶지만 혼자 하기가 어렵더라고요.

_____

(5) 제가 도와드릴게요.

_____

어휘

◆ 언어

 15-4

မြန်မာစာ 만마싸	미얀마어
ကိုရီးယားစာ 꼬리:야:싸	한국어
အင်္ဂလိပ်စာ 잉글릿.싸	영어
ဂျပန်စာ 자빤싸	일본어
တရုတ်စာ 따욷.싸	중국어
ထိုင်းစာ 타잉:싸	태국어
ဗီယက်နမ်စာ 비옛.남싸	베트남어
ရုရှားစာ 라샤:싸	러시아어
ပြင်သစ်စာ 뻬인띳.싸	프랑스어
ဂျာမန်စာ 자만싸	독일어

미얀마를 소개합니다

■ 미얀마의 결혼식 ■

미얀마에서는 자식에 대한 부모의 의무로 권선, 징악, 교육, 투자, 결혼의 5가지 의무가 있습니다. 부모들은 자식을 결혼시키는 것이 의무라고 생각하여, 자녀들에게 결혼의 중요성을 강조하며 사윗감이나 며느릿감을 찾습니다.

미얀마에서는 결혼하기 전에 남녀의 생년월일로 궁합을 보는 게 필수입니다. 그리고 신랑이 부모님과 동네 어른들을 모시고 신부의 집에 가서 신부를 달라고 정식으로 청한 후 양가 부모님의 허락을 받아야 결혼을 할 수 있습니다. 결혼식을 하기 전에 신랑 집에서 신부 집에 돈을 보내는데, 이는 그 동안 딸을 예쁘고 착하게 키워주셔서 감사하다는 뜻으로 신부의 부모님께 돈을 올리는 미얀마의 전통 풍습입니다.

미얀마에서는 10월, 특히 보름 이후에 결혼을 가장 많이 합니다. 7, 8, 9월은 스님들이 도를 닦는 시기여서 결혼을 하지 않습니다. 미얀마 결혼식은 오전에는 스님들께 공양 후 설법을 들어야 하고, 오후에는 결혼식장에서 손님들을 대접하며 결혼식을 진행합니다. 결혼식은 한 여성이 꽃을 뿌리며 먼저 입장하고, 그 뒤로 신랑 신부가 입장합니다. 꽃을 뿌리는 이유는 평생 꽃길만 걸으라는 의미입니다. 그 다음에 양가 부모님이 입장합니다. 결혼식을 마치면 신랑 신부의 집에 친척들과 친구들이 미리 기다리고 있다가 금목걸이나 금줄로 신랑 신부가 집으로 들어가는 길을 막고 돈을 요구합니다. 신랑 신부는 이들에게 돈을 줘야 집에 들어갈 수 있습니다. 이렇게 해서 신랑 신부가 집안에 도착하면 결혼식이 끝납니다. 미얀마 결혼식에서 신랑 신부는 대부분 전통의상을 입습니다. 생에 한 번뿐인 날을 특별하게 하고 싶어, 여자는 특히 화려한 의상을 입고 화장을 진하게 하는 편입니다.

정답

정답

제01과

듣기

1. 🎧 01-2

(1) မင်္ဂလာ 안녕
(2) ကျွန်တော် 저(남자)
(3) ကျွန်တော့် 저의(남자)
(4) ကျွန်မ 저/저의(여자)
(5) နာမည် 이름
(6) လူမျိုး 민족
(7) တွေ့ရတာ 만나서
(8) ဝမ်းသာပါတယ်။ 반갑습니다.
(9) ဟုတ်ကဲ့ 네

2. 🎧 01-3

(1) ⓑ
   ကျွန်မက ဗီယက်နမ် လူမျိုးပါ။
   저는 베트남 사람이에요.

(2) ⓒ
   ကျွန်တော့် နာမည်က ကိုလှပါ။
   제 이름은 꼬흘라예요.

말하기

1.

| 보기 |
A: ဘာလူမျိုးလဲ။ 어느 나라 사람이에요?
B: ကျွန်မက/ကျွန်တော်က ကိုရီးယား လူမျိုးပါ။
   저는(여/남) 한국 사람이에요.

(1) A: ဘာလူမျိုးလဲ။ 어느 나라 사람이에요?
    B: ကျွန်မက/ကျွန်တော်က ဂျပန် လူမျိုးပါ။
       저는(여/남) 일본 사람이에요.

(2) A: ဘာလူမျိုးလဲ။ 어느 나라 사람이에요?
    B: ကျွန်မက/ကျွန်တော်က အမေရိကန် လူမျိုးပါ။
       저는(여/남) 미국 사람이에요.

(3) A: ဘာလူမျိုးလဲ။ 어느 나라 사람이에요?
    B: ကျွန်မက/ကျွန်တော်က ဗီယက်နမ် လူမျိုးပါ။
       저는(여/남) 베트남 사람이에요.

2.

(1) A: မီဆိုက ဘာလူမျိုးလဲ။
       미소가 어느 나라 사람이에요?
    B: မီဆိုက ကိုရီးယား လူမျိုးပါ။
       미소는 한국 사람이에요.

(2) A: ကျွန်တော့် နာမည် ထွန်းထွန်းပါ။
       제 이름은 툰툰이에요.
    B: ကျွန်မ နာမည် မြမြပါ။ 제 이름은 먀먀예요.

(3) A: ထွန်းထွန်းက ကိုရီးယား လူမျိုးလား။
       툰툰이 한국 사람이에요?
    B: မဟုတ်ပါဘူး။ ထွန်းထွန်းက မြန်မာ လူမျိုးပါ။
       아니에요. 툰툰은 미얀마 사람이에요.

쓰기

(1) မင်္ဂလာပါ။
(2) တွေ့ရတာ ဝမ်းသာပါတယ်။
(3) ဘာလူမျိုးလဲ။
(4) ကျွန်မက/ကျွန်တော်က ကိုရီးယား လူမျိုးပါ။
    (여/남)
(5) ကျွန်မက/ကျွန်တော်က မြန်မာ လူမျိုး
    မဟုတ်ပါဘူး။ (여/남)

제02과

듣기

1. 🎧 02-2

(1) မတွေ့တာ ကြာပြီ။ 오랜만이에요.
(2) အခု 지금
(3) ဘယ်မှာ 어디

(4) ဘယ်မှာ နေလဲ။ 어디에 살아요?

(5) အလုပ်လုပ်သည် 일하다

(6) မြန်မာစာ 미얀마어

(7) လေ့လာနေပါတယ်။ 공부하고 있습니다.

(8) တွေ့သည် 만나다

(9) ဘာအလုပ် လုပ်လဲ။ 무슨 일을 해요?

2. 🎧 02-3

(1) ⓐ

ကျွန်တော်က မြန်မာစာကို လေ့လာနေပါတယ်။

저는 미얀마어를 공부하고 있습니다.

(2) ⓒ

ကျွန်မက အမေရိကန်မှာ နေပါတယ်။

저는 미국에서 살고 있습니다.

말하기

1.

| 보기 |

A: အခု ဘယ်မှာ နေတာလဲ။ 지금 어디에서 살아요?

B: အခု ကိုရီးယားမှာ နေပါတယ်။

지금 한국에서 삽니다.

(1) A: အခု ဘယ်မှာ နေတာလဲ။

지금 어디에서 살아요?

B: အခု မြန်မာမှာ နေပါတယ်။

지금 미얀마에서 삽니다.

(2) A: အခု ဘယ်မှာ နေတာလဲ။

지금 어디에서 살아요?

B: အခု ရန်ကုန်မှာ နေပါတယ်။

지금 양곤에서 삽니다.

(3) A: အခု ဘယ်မှာ နေတာလဲ။

지금 어디에서 살아요?

B: အခု နေပြည်တော်မှာ နေပါတယ်။

지금 네피도에서 삽니다.

2.

(1) A: ဘာအလုပ် လုပ်လဲ။ 무슨 일을 하세요?

B: ကျောင်းသား/ကျောင်းသူပါ။

학생(남/여)이에요.

(2) A: အခု မြန်မာမှာ နေတာလား။

지금 미얀마에서 살아요?

B: မဟုတ်ပါဘူး။ အခု ကိုရီးယားမှာ နေပါတယ်။

아니요. 지금 한국에서 살아요.

(3) A: မီဆိုက မြန်မာစာ လေ့လာနေတာလား။

미소가 미얀마어를 공부하고 있어요?

B: မဟုတ်ပါဘူး။ မီဆိုက ဂျပန်စာ လေ့လာနေတာပါ။

아니요. 미소는 일본어를 공부하고 있어요.

쓰기

(1) မတွေ့တာ ကြာပြီ။

(2) အခု ဘယ်မှာ နေတာလဲ။

(3) ကျွန်တော်က/ကျွန်မက အမေရိကန်မှာ နေပါတယ်။ (남/여)

(4) ဘာအလုပ် လုပ်လဲ။

(5) ကျွန်တော်က/ကျွန်မက ကျောင်းသား/ကျောင်းသူပါ။ (남/여)

제03과

듣기

1. 🎧 03-2

(1) ဘယ်နှရက်နေ့လဲ။ 며칠이에요?

(2) ၄လပိုင်း 4월

(3) ၅ရက်နေ့ 5일

(4) ပိတ်ရက် 휴일

(5) ခရီးထွက်သည် 여행 가다

(6) မိသားစု 가족

(7) **ဘာလုပ်မှာလဲ။** 뭐 할 거예요?

(8) **ကျွန်တော်တို့** 우리(남성)

(9) **ကျွန်မတို့** 우리(여성)

2. 🎧 03-3

(1) ⓑ

ဒီနေ့က ၄လပိုင်း ၁၁ရက်နေ့ဖြစ်တယ်။

오늘은 4월 11일이에요.

(2) ⓐ

ဒီနေ့က ၅လပိုင်း ၅ရက်နေ့ဖြစ်တယ်။

오늘은 5월 5일이에요.

(3) ⓒ

ဒီနေ့က ၆လပိုင်း ၂၆ရက်နေ့ဖြစ်တယ်။

오늘은 6월 26일이에요.

말하기

1.

| 보기 |

A: **ပွဲတော်က ဘယ်နေ့လဲ။** 축제가 언제예요?

B: **၃ရက်နေ့ကနေ ၅ရက်နေ့အထိပါ။**

3일부터 5일까지예요.

(1) A: **ပိတ်ရက်က ဘယ်နေ့လဲ။** 휴일이 언제예요?

B: **၅ရက်နေ့ကနေ ၇ရက်နေ့အထိပါ။**

5일부터 7일까지입니다.

(2) A: **စာမေးပွဲက ဘယ်နေ့လဲ။** 시험이 언제예요?

B: **၁ရက်နေ့ကနေ ၃ရက်နေ့အထိပါ။**

1일부터 3일까지입니다.

(3) A: **မြန်မာမှာ ဘယ်နရက်နေ့ကနေ ဘယ်နရက်နေ့အထိ ရှိမှာလဲ။**

미얀마에 언제부터 언제까지 있을 거예요?

B: **၁လပိုင်း ၅ရက်နေ့ကနေ ၂၀ရက်နေ့အထိ ရှိမှာပါ။**

1월 5일부터 20일까지 있을 거예요.

2.

(1) A: **ပိတ်ရက်မှာ ဘာလုပ်မှာလဲ။**

방학에 뭐 할 거예요?

B: **ခရီးထွက်မှာပါ။**

여행 갈 거예요.

(2) A: **မနက်စာ ဘာစားမှာလဲ။**

아침 뭐 먹을 거예요?

B: **ခေါက်ဆွဲ စားမှာပါ။**

국수를 먹을 거예요.

(3) A: **မြန်မာမှာ ဘယ်နရက်နေမှာလဲ။**

미얀마에서 며칠 살 거예요?

B: **၁၈ရက် နေမှာပါ။**

10일 살 거예요.

쓰기

(1) **ဒီနေ့က ဘယ်နရက်နေ့လဲ။**

(2) **ပိတ်ရက်က ဘယ်နေ့လဲ။**

(3) **၄လပိုင်း ၁၄ရက်နေ့ကနေ ၁ရက်နေ့အထိပါ။**

(4) **ပိတ်ရက်မှာ ဘာလုပ်မှာလဲ။**

(5) **မိသားစုနဲ့ ခရီးထွက်မှာပါ။**

제04과

듣기

1. 🎧 04-2

(1) **ဒီဟာ** 이것

(2) **ဟိုဟာ** 그것

(3) **ဟိုးဟာ** 저것

(4) **ဘာလဲ။** 뭐예요?

(5) **သရက်သီး** 망고

(6) **နဂါးမောက်သီး** 용과

(7) **ဈေးကြီးလား။** 비싸요?

(8) **အသီး** 과일

(9) **ပေါသည်** 많다

2. 🎧 04-3

(1) ⓐ

သရက်သီး ၁လုံးကို ၅၀၀ပါ။

망고 1개에 500(짯)이에요.

(2) ⓒ

ဒီပန်ကာကို ဘယ်လို ဖွင့်သလဲ။

이 선풍기를 어떻게 틀어요?

말하기

1.

| 보기 |

A: **သရက်သီး ဘယ်လို ရောင်းလဲ။**

망고는 어떻게 팔아요?

B: **သရက်သီးက ၁လုံးကို ၅၀၀ပါ**

망고는 1개에 500(짯)이에요.

(1) A: **ပန်းသီး ဘယ်လို ရောင်းလဲ။**

사과는 어떻게 팔아요?

B: **ပန်းသီးက ၁၀လုံးကို ၁၀၀၀ပါ။**

사과는 10개에 1000(짯)이에요.

(2) A: **ငှက်ပျောသီး ဘယ်လို ရောင်းလဲ။**

바나나는 어떻게 팔아요?

B: **ငှက်ပျောသီးက ၁ဖီးကို ၇၅၀ပါ။**

바나나는 1송이에 750(짯)이에요.

(3) A: **သစ်တော်သီး ဘယ်လို ရောင်းလဲ။**

배는 어떻게 팔아요?

B: **သစ်တော်သီးက ၁လုံးကို ၃၀၀ပါ။**

배는 1개에 300(짯)이에요.

2.

(1) A: **ဒီစာအုပ်က ဘာလဲ။** 이 책이 뭐예요?

B: **ဒီစာအုပ်က မြန်မာစာအုပ်ပါ။**

이 책은 미얀마어 책이에요.

(2) A: **ဟိုဟာက ဘာလဲ။** 그것이 뭐예요?

B: **ဟိုဟာက မင်းကွတ်သီးပါ။** 그것은 망고스틴이에요.

(3) A: **ဒီအသီးက ဈေးကြီးလား။** 이 과일이 비싸요?

B: **ဟင့်အင်း။ မကြီးပါဘူး။** 아니요. 안 비싸요.

쓰기

(1) **ဒါက ဘာလဲ။**

(2) **ဟိုးဟာက ဘာလဲ။**

(3) **ပန်းသီး ဘယ်လို ရောင်းလဲ။**

(4) **ပန်းသီးက ဈေးကြီးတယ်။**

(5) **ပန်းသီးက ဈေးမကြီးဘူး။**

제05과

듣기

1. 🎧 05-2

(1) **ဘာသောက်ကြမလဲ။** 뭐 마실래요(들)?

(2) **ဘာမှာမလဲ။** 뭐 시킬래요?

(3) **အစ်ကိုရော** 형/오빠

(4) **လက်ဖက်ရည်** 홍차

(5) **ကော်ဖီ** 커피

(6) **ခေါက်ဆွဲ** 국수

(7) **မရှိတော့ဘူး။** 없어요.

(8) **ကုန်သွားပြီ။** 다 팔렸어요.

(9) **ကော်ဖီပဲ ပေးပါ။** 커피만 주세요.

2. 🎧 05-3

(1) ⓐ

ဘာမှာမလဲ။

뭐 시키시겠습니까?

(2) ⓑ

ကော်ဖီတစ်ခွက် ပေးပါ။

커피 한 잔 주세요.

정답

말하기

1.

| 보기 |

ခွက် 잔 ပွဲ 그릇 ဘူး 병

(1) A: အစ်ကို ဘာမှာမလဲ။ 형/오빠 뭐 시킬래요?
   B: လက်ဖက်ရည် ၁ခွက် ပေးပါ။
      홍차 한 잔 주세요.

(2) A: အစ်မ ဘာမှာမလဲ။ 누나/언니 뭐 시킬래요?
   B: ခေါက်ဆွဲ ၁ပွဲ ပေးပါ။ 국수 한 그릇 주세요.

(3) A: အစ်ကို ဘာမှာမလဲ။ 형/오빠 뭐 시킬래요?
   B: ရေသန့် ၁ဘူး ပေးပါ။ 물 한 병 주세요.

2.

(1) A: ကျောင်းသားတွေ ဘာလုပ်နေကြတာလဲ။
      학생들이 뭐(들)하고 있어요?
   B: ကျောင်းသားတွေ မြန်မာစာ
      လေ့လာနေကြတယ်။
      학생들이 미얀마어를 공부하고 있어요.

(2) A: ကလေးတွေ ဘာလုပ်နေကြတာလဲ။
      아이들이 뭐(들)하고 있어요?
   B: ကလေးတွေ ကစားနေကြတယ်။
      아이들이 놀고 있어요.

(3) A: မိန်းကလေးတွေ ဘာလုပ်နေကြတာလဲ။
      여자들이 뭐(들)하고 있어요?
   B: မိန်းကလေးတွေ ကနေကြတယ်။
      여자들이 춤을 추고 있어요.

쓰기

(1) ကျောင်းသားတွေ စာလုပ်နေကြတယ်။
(2) ဒီမှာ ဆေးလိပ် မသောက်ပါနဲ့။
(3) ထိုင်ပါ။ ဘာသောက်မလဲ။
(4) အစ်မ ဘာမှာမလဲ။
(5) ခေါက်ဆွဲ ၁ပွဲ ပေးပါ။

제06과

듣기

1. 🎧 06-2

(1) မနေ့က 어제
(2) ဆေးရုံ 병원
(3) သွားသည် 가다
(4) ဘာဖြစ်လို့လဲ။ 왜요?
(5) ဗိုက်နာလို့ပါ။ 배가 아파서요.
(6) အခု 지금
(7) ဆရာဝန် 의사
(8) ဆေးသောက်သည် 약을 먹다
(9) ကောင်းသွားပါပြီ။ 좋아졌어요.

2. 🎧 06-3

(1) ⓑ
   ကျွန်မ ခေါင်းကိုက်နေတယ်။
   저는 머리가 아파요.

(2) ⓒ
   မနေ့က ဈေးသွားခဲ့တယ်။
   어제 시장에 갔어요.

말하기

1.

| 보기 |

A: မနေ့က ဘာလုပ်ခဲ့။ 어제 뭐 했어요?
B: မနေ့က ဆေးရုံ သွားခဲ့တယ်။ 어제 병원에 갔어요.

(1) A: မနေ့က ဘာလုပ်ခဲ့လဲ။ 어제 뭐 했어요?
   B: မနေ့က ရုပ်ရှင်ကြည့်ခဲ့တယ်။
      어제 영화를 봤어요.

(2) A: မနေ့က ဘာလုပ်ခဲ့လဲ။ 어제 뭐 했어요?
   B: မနေ့က ဈေး သွားခဲ့တယ်။
      어제 시장에 갔어요.

(3) A: မနေ့က ဘာလုပ်ခဲ့လဲ။ 어제 뭐 했어요?

   B: မနေ့က မြန်မာစာ လေ့လာခဲ့တယ်။

   어제 미얀마어를 공부했어요.

2.

(1) A: မနေ့က ဘာလို့ ဆေးရုံ သွားခဲ့တာလဲ။

   어제 왜 병원에 갔어요?

   B: ဗိုက်နာလို့ပါ။ 배가 아파서요.

(2) A: ဘာလို့ ကျောင်းမသွားတာလဲ။

   왜 학교에 안 가요?

   B: ခေါင်းကိုက်နေလို့ပါ။ 머리가 아파서요.

(3) A: ဘာလို့ မြန်မာစာကို လေ့လာတာလဲ။

   왜 미얀마어를 공부해요?

   B: မြန်မာစာကို ကြိုက်လို့ပါ။ 미얀마어를 좋아해서요.

쓰기

(1) မနေ့က ဘာလုပ်ခဲ့လဲ။

(2) မနေ့က ဆေးရုံ သွားခဲ့တယ်။

(3) ဗိုက်နာလို့ပါ။

(4) ဈေးမှာ အရသာရှိတဲ့ အသီးတွေ ပေါတယ်။

(5) မနေ့က နင်ဖတ်ခဲ့တဲ့ စာအုပ်နာမည်က ဘာလဲ။

제07과

듣기

1. 🎧 07-2

(1) မနက်ဖြန် 내일

(2) ပိတ်ရက် 휴일

(3) ဘာလုပ်မှာလဲ။ 뭐 할 거예요?

(4) ထူးထူးခြားခြား 특별히

(5) လုပ်စရာ 할 것

(6) အချိန်ရှိပါတယ်။ 시간 있어요.

(7) လေယာဉ်လက်မှတ် 비행기표

(8) ကူညီပေးမယ်။ 도와줄게요.

(9) နောက်အပတ် 다음 주

2. 🎧 07-3

(1) ©

ကိုရီးယားကို သွားမယ့် လေယာဉ်လက်မှတ်
ဝယ်မလို့ပါ။

한국으로 갈 비행기표를 사려고요.

(2) ⓐ

ဝယ်စရာရှိလို့ ဈေးသွားတယ်။

살 것이 있어서 시장에 가요.

말하기

1.

| 보기 |
A: မနက်ဖြန် ဘာလုပ်မှာလဲ။ 내일 뭐 할 거예요?
B: မနက်ဖြန် ရုပ်ရှင် သွားကြည့်မယ်။
내일 영화 보러 갈 거예요.

(1) A: မနက်ဖြန် ဘာလုပ်မှာလဲ။ 내일 뭐 할 거예요?
   B: မနက်ဖြန် ဈေးသွားမယ်။ 내일 시장에 갈 거예요.

(2) A: မနက်ဖြန် ဘာလုပ်မှာလဲ။ 내일 뭐 할 거예요?
   B: မနက်ဖြန် ခရီးထွက်မယ်။ 내일 여행 갈 거예요.

(3) A: မနက်ဖြန် ဘာလုပ်မှာလဲ။ 내일 뭐 할 거예요?
   B: မနက်ဖြန် စာလေ့လာမယ်။ 내일 공부할 거예요.

2.

(1) A: ဘယ်သွားမလို့လဲ။ 어디 가려고요?
   B: ကျောင်း သွားမလို့ပါ။ 학교에 가려고요.

(2) A: ဘာဝယ်မလို့လဲ။ 무엇을 사려고요?
   B: လေယာဉ်လက်မှတ် ဝယ်မလို့ပါ။

   비행기표를 사려고요.

(3) A: ဘာစားမလို့လဲ။ 무엇을 먹으려고요?
   B: ရေခဲမုန့် စားမလို့ပါ။ 아이스크림을 먹으려고요.

정답

쓰기

(1) မနက်ဖြန် ဘာလုပ်မှာလဲ။

(2) ထူးထူးခြားခြား လုပ်စရာ မရှိပါဘူး။

(3) အချိန်ရှိရင် ကူညီပေးပါ။

(4) နောက်အပတ် စနေနေ့မှာ ကိုရီးယား
သွားမလို့ပါ။

(5) ကူညီပေးမယ်။

제08과

듣기

1. 🎧 08-2

(1) **နေ့လယ်စာ** 점심

(2) **ဘာစားမလဲ။** 뭐 먹을래요?

(3) **မုန့်ဟင်းခါး** 몽힝카

(4) **စားကြည့်ချင်တယ်။** 먹어보고 싶어요.

(5) **အစားအစာ** 음식

(6) **ငါးဟင်းရည်** 생선 국물

(7) **ငရုတ်သီးမှုန့်** 고춧가루

(8) **နံနံပင်** 고수

(9) **အကြိုက်ဆုံး** 가장 좋아하는

2. 🎧 08-3

(1) ⓐ

**မုန့်ဟင်းခါးက ကျွန်တော် အကြိုက်ဆုံး
အစားအစာပါ။**

몽힝카는 제가 제일 좋아하는 음식이에요.

(2) ⓒ

ဗီယက်နမ် ခေါက်ဆွဲ စားကြည့်ချင်တယ်။

베트남 쌀국수를 먹어보고 싶어요.

말하기

1.

| 보기 |

A: အကြိုက်ဆုံး အစားအစာက ဘာလဲ။

제일 좋아하는 음식이 뭐예요?

B: ကျွန်မ/ကျွန်တော် အကြိုက်ဆုံး အစားအစာက
ကင်မ်ချီဟင်းရည်ပါ။

제가 제일 좋아하는 음식은 김치찌개예요. (여/남)

(1) A: အကြိုက်ဆုံး အရောင်က ဘာလဲ။

제일 좋아하는 색깔이 뭐예요?

B: ကျွန်မ/ကျွန်တော် အကြိုက်ဆုံး အရောင်က
အနီရောင်ပါ။

제가 제일 좋아하는 색깔은 빨간색이에요. (여/남)

(2) A: မိသားစုထဲမှာ ဘယ်သူက အရပ်
အမြင့်ဆုံးလဲ။ 가족 중에 누가 제일 키가 커요?

B: အစ်ကိုက အရပ် အမြင့်ဆုံးပါ။

오빠가 제일 키가 커요.

(3) A: ဘယ်အကျႌက အလှဆုံးလဲ။

어떤 옷이 제일 예뻐요?

B: ဒီအကျႌက အလှဆုံးပါ။ 이 옷이 제일 예뻐요.

2.

(1) A: ဘာစားမလဲ။ 뭐 먹을래요?

B: မုန့်ဟင်းခါးစားမယ်။ 몽힝카 먹을래요.

(2) A: ဘယ်သွားမလဲ။ 어디 갈래요?

B: ရုပ်ရှင်ရုံသွားမယ်။ 극장에 갈래요.

(3) A: ခရီးသွားကြမလား။ 여행 갈래요?

B: ကောင်းတယ်။ ခရီးသွားကြမယ်။

좋아요. 여행 가요.

쓰기

(1) ဒီနေ့ နေ့လယ်စာ ဘာစားမလဲ။

(2) မုန့်ဟင်းခါး စားကြည့်ချင်တယ်။

(3) ကျွန်မ/ကျွန်တော်က နင်းဆီပန်းကို
အကြိုက်ဆုံးပါ။ (여/남)

(4) မြန်မာ အစားအစာကို စားကြည့်ပါ။

(5) မုန့်ဟင်းခါးက ဘယ်လို အစားအစာလဲ။

제09과

듣기

1. 🎧 09-2

(1) မိသားစု 가족
(2) ဘယ်နှယောက် 몇 명
(3) ၅ယောက် 5명
(4) အစ်မ 누나/언니
(5) ညီမလေး 여동생
(6) မိဘ 부모님
(7) နှစ်ယောက်စလုံး 둘 다
(8) မန္တလေး 만달레이
(9) ရန်ကုန် 양곤

2. 🎧 09-3

(1) ⓐ
ကျွန်တော်ကတော့ ၂၃နှစ်ပါ။
저는 23살이에요.

(2) ⓑ
ကျွန်တော့် မိသားစုက ၄ယောက်ပါ။
제 가족은 4명이에요.

말하기

1.

| 보기 |
A: မိဘတွေက အသက် ဘယ်လောက် ရှိပြီလဲ။
부모님은 연세가 어떻게 되세요?
B: အဖေကတော့ ၄၀၊ အမေကတော့ ၃၅နှစ်ပါ။
아버지는 40세, 어머니는 35입니다.

(1) A: အစ်မက အသက် ဘယ်လောက် ရှိပြီလဲ။
누나/언니는 몇 살이에요?
B: အစ်မက ၂၅နှစ်ပါ။ 누나/언니는 25살이에요.

(2) A: ပန်းသီးက ဘယ်လောက်လဲ။ 사과가 얼마예요?
B: ၁၀လုံးကို ၁၀၀၀ပါ။ 10개에 1000(짯)이에요.

(3) A: ဆရာမက အသက် ဘယ်လောက် ရှိပြီလဲ။
선생님은 연세가 어떻게 되세요?
B: ဆရာမက ၄၈နှစ်ပါ။ 선생님은 48살이에요.

2.

(1) A: ဘာစားခဲ့လဲ။ 무엇을 먹었어요?
B: ကော်ဖီနဲ့ မုန့် စားခဲ့ပါတယ်။ 커피와 빵을 먹었어요.

(2) A: ရုပ်ရှင်ရုံကို ဘယ်သူနဲ့ သွားခဲ့တာလဲ။
극장에 누구와 갔어요?
B: သူငယ်ချင်းနဲ့ သွားခဲ့တာပါ။ 친구와 갔어요.

(3) A: ဘာအရောင် ကြိုက်လဲ။ 무슨 색깔을 좋아해요?
B: အဖြူရောင်နဲ့ အမဲရောင်ကို ကြိုက်တယ်။
흰색과 검은색을 좋아해요.

쓰기

(1) မိသားစု ဘယ်နှယောက် ရှိလဲ။
(2) ကျွန်တော့်/ကျွန်မ မိသားစုက ၄ယောက်ပါ။ (남/여)
(3) အသက် ဘယ်လောက် ရှိပြီလဲ။
(4) မိသားစုတွေက ဘယ်မှာ နေကြတာလဲ။
(5) ရန်ကုန်မှာ နေပါတယ်။

제10과

듣기

1. 🎧 10-2

(1) လက်ဖက်ရည်ဆိုင် 찻집
(2) အခု 지금

연습문제 정답 **181**

정답

(3) **ဘယ်နှနာရီလဲ။** 몇 시예요?

(4) **နောရီခွဲ** 8시 반

(5) **အတန်း** 수업

(6) **အချိန်** 시간

(7) **စားပြီးပြီလား။** 먹었어요?

(8) **မစားရသေးဘူး။** 아직 안 먹었어요.

(9) **စားတာပေါ့။** 먹지요.

2. 🎧 10-3

(1) ⓐ

အခု ဘယ်နှနာရီလဲ။

지금 몇 시예요?

(2) ⓒ

အခုကတော့ ၇နာရီ ၄၅မိနစ် ဖြစ်ပါတယ်။

지금은 7시 45분입니다.

1.

| 보기 |
> A: **မနေ့က အလုပ်တွေ လုပ်ပြီးပြီလား။**
> 어제 일은 다 했어요?
>
> B: **အခုထိ မလုပ်ရသေးဘူး။** 아직 못 했어요

(1) A: **ထမင်း စားပြီးပြီလား။** 밥 먹었어요?

B: **အခုထိ မစားရသေးဘူး။** 아직 못 먹었어요.

(2) A: **အိမ်စာတွေ လုပ်ပြီးပြီလား။** 숙제 다 했어요?

B: **အခုထိ မလုပ်ရသေးဘူး။** 아직 못 했어요.

(3) A: **အဲ့ဒီစာအုပ် ဖတ်ပြီးပြီလား။** 그 책 읽었어요?

B: **အခုထိ မဖတ်ရသေးဘူး။** 아직 못 읽었어요.

2.

(1) A: **အခု ဘယ်နှနာရီလဲ။** 지금 몇 시예요?

B: **၆နာရီ ၃၅မိနစ်ပါ။** 6시 35분이에요.

(2) A: **အခု ဘယ်နှနာရီလဲ။** 지금 몇 시예요?

B: **၇နာရီ ၄၅မိနစ်ပါ။** 7시 45분이에요.

(3) A: **အခု ဘယ်နှနာရီလဲ။** 지금 몇 시예요?

B: **၁၁နာရီ ၁၁မိနစ်ပါ။** 11시 11분이에요.

(1) **ကျွန်တော်တို့/ကျွန်မတို့ လက်ဖက်ရည်ဆိုင် သွားရအောင်။** (남/여)

(2) **အခု ဘယ်နှနာရီလဲ။**

(3) **နောရီခွဲပါ။**

(4) **၁၈နာရီမှာ အတန်းရှိတယ်။**

(5) **အခုထိ မစားရသေးဘူး။**

제11과

1. 🎧 11-2

(1) **ချောင်းသာ** 차웅따

(2) **ဟိုတယ်** 호텔

(3) **အခန်း** 방

(4) **ဘွတ်ကင်လုပ်သည်** 예약하다

(5) **ဘယ်နေ့လဲ မသိဘူး။** 날짜요?

(6) **တစ်ယောက်ခန်း** 1인실

(7) **ဈေးသက်သာတဲ့ အခန်း** 저렴한 방

(8) **အောက်ဆုံးအထပ်** 아래층

(9) **အပေါ်ထပ်တွေထက်** 위층보다

2. 🎧 11-3

(1) ⓒ

ဟဲလို၊ ချောင်းသာဟိုတယ်ကပါ။

여보세요, 차웅따 호텔입니다.

(2) ⓐ

တစ်ယောက်ခန်း ဘွတ်ကင်လုပ်ချင်လို့ပါ။

1인실로 예약하고 싶습니다.

말하기

1.

| 보기 |

A: ဘယ်လို အခန်းကို ဘွတ်ကင်လုပ်ချင်ပါသလဲ။
어떤 방을 예약하고 싶으세요?

B: တစ်ယောက်ခန်း ပေးပါ။ 1인실을 주세요.

(1) A: ဘယ်လို အခန်းကို ဘွတ်ကင်လုပ်ချင်ပါသလဲ။
어떤 방을 예약하고 싶으세요?

B: ၂ယောက်ခန်း ပေးပါ။ 2인실을 주세요.

(2) A: ဘယ်လို အခန်းကို ဘွတ်ကင်လုပ်ချင်ပါသလဲ။
어떤 방을 예약하고 싶으세요?

B: ၃ထပ်က အခန်းကို ပေးပါ။ 3층 방을 주세요.

(3) A: ဘယ်လို အခန်းကို ဘွတ်ကင်လုပ်ချင်ပါသလဲ။
어떤 방을 예약하고 싶으세요?

B: မိသားစုအခန်းကို ပေးပါ။
패밀리룸(Family room)을 주세요.

2.

(1) A: ဟဲလို။ ဆရာမင်းမင်း ရှိလားမသိဘူး။
여보세요. 민민 선생님 계신지요?

B: ဆရာမင်းမင်း မရှိပါဘူး။ 민민 선생님 안 계세요.

(2) A: ဟဲလို။ ဘယ်သူလဲမသိဘူး။
여보세요. 누구신지요?

B: ဟုတ်ကဲ့။ ကျွန်မက မီဆိုပါ။ 네. 저는 미소예요.

(3) A: ဘယ်နေ့ တည်းမှာလဲ။ 언제 묵으실 거예요?

B: နောက်အပတ် စနေနေ့ တည်းမှာပါ။
다음 주 토요일에 묵을 거예요.

쓰기

(1) ဟဲလို။ Aဟိုတယ်ကပါ။
(2) အခန်း ဘွတ်ကင်လုပ်ချင်လို့ပါ။
(3) ဖုန်းနဲ့ ဘွတ်ကင်လုပ်လို့ ရလားမသိဘူး။
(4) အောက်ဆုံးအထပ်က အပေါ်ထပ်တွေထက်
ဈေးသက်သာပါတယ်။
(5) ဒါဆိုရင် အောက်ဆုံးအထပ်ပဲ ပေးပါ။

제12과

듣기

1. 🎧 12-2

(1) ဝါသနာပါတယ်။ 취미를 가지다
(2) ပန်းချီဆွဲသည် 그림을 그리다
(3) စာရေးသည် 글을 쓰다
(4) စာဖတ်သည် 책을 읽다
(5) ခန္ဓာကိုယ် 몸
(6) လှုပ်ရှားသည် 움직이다
(7) ရေကူးသည် 수영하다
(8) ရေကူးကန် 수영장
(9) အားကစားလုပ်သည် 운동하다

2. 🎧 12-3

(1) ⓑ
ကျွန်မက ပန်းချီဆွဲတာ ဝါသနာပါတယ်။
제 취미는 그림을 그리는 것이에요.

(2) ⓐ
နောက်အပတ် စနေနေ့ ရေကူးမလားလို့
လုပ်နေတယ်။
다음 주 토요일에 수영할까 해요.

말하기

1.

| 보기 |

A: ဘာဝါသနာပါလဲ။ 취미가 뭐예요?
B: ပန်းချီဆွဲတာ ဝါသနာပါတယ်။ 그림 그리는 거예요.

(1) A: ဘာဝါသနာပါလဲ။ 취미가 뭐예요?

B: အားကစားလုပ်တာ ဝါသနာပါတယ်။
운동하는 거예요.

(2) A: ဘာဝါသနာပါလဲ။ 취미가 뭐예요?

B: ရုပ်ရှင်ကြည့်တာ ဝါသနာပါတယ်။
영화 보는 거예요.

(3) A: ဘာဝါသနာပါလဲ။ 취미가 뭐예요?

B: ဟင်းချက်တာ ဝါသနာပါတယ်။

요리하는 거예요.

2.

(1) A: နောက်အပတ် စနေနေ့ ဘာလုပ်မှာလဲ။

다음 주 토요일에 뭐 할 거예요?

B: သူငယ်ချင်းနဲ့ ရုပ်ရှင်ကြည့်မလားလို့ လုပ်နေတယ်။

친구와 영화를 볼까 해요.

(2) A: အားရင် ဘာလုပ်လဲ။

시간이 있으면 뭐 하세요?

B: ပန်းချီဆွဲတယ်။ 그림을 그려요.

(3) A: ဘယ်လို အားကစားမျိုးကို ကြိုက်လဲ။

어떤 운동을 좋아해요?

B: ရေကူးတာကို ကြိုက်တယ်။

수영하는 것을 좋아해요.

쓰기

(1) ဘာဝါသနာ ပါတာလဲ။

(2) ပန်းချီဆွဲတာနဲ့ စာဖတ်တာပါ။

(3) ကျွန်တော့်/ကျွန်မ ဝါသနာကတော့ အားကစားပါ။ (남/여)

(4) ဘယ်လို အားကစားမျိုးကို ကြိုက်တာလဲ။

(5) ခန္ဓာကိုယ် လှုပ်ရှားရတာကို ကြိုက်တယ်။

제13과

듣기

1. 13-2

(1) ရောက်တာ ကြာပြီလား။ 온 지 오래됐어요?

(2) ၆လလောက်ရှိပြီ။ 6개월 정도 됐어요.

(3) ပုဂံ 바간

(4) ရောက်ဖူးလား။ 가본 적이 있어요?

(5) မရောက်ဖူးဘူး။ 안 가봤어요.

(6) ဘယ်လို သွားရလဲ။ 어떻게 가요?

(7) လေယာဉ် 비행기

(8) တစ်ခေါက် 한번

(9) သွားကြည့်ဦးမယ်။ 가볼게요.

2. 13-3

(1) ⓒ

ဂျယ်ဂျူးဒိုကို လေယာဉ်နဲ့ သွားတယ်။

제주도에 비행기로 가요.

(2) ⓑ

ကျွန်တော် တရုတ်ကို ရောက်တာ ၃လလောက် ရှိပြီ။

저는 중국에 온 지 3개월 됐어요.

말하기

1.

| 보기 |

A: မြန်မာကို ရောက်ဖူးလား။ 미얀마에 가봤어요?

B: ရောက်ဖူးပါတယ်။ 가봤어요.

မရောက်ဖူးဘူး။ 못 가봤어요.

(1) A: ကိုရီးယား အစားအစာ စားဖူးလား။

한국 음식을 먹어봤어요?

B: စားဖူးပါတယ်။ 먹어봤어요.

မစားဖူးဘူး။ 못 먹어봤어요.

(2) A: ဆိုဂျူ သောက်ဖူးလား။ 소주를 마셔봤어요?

B: သောက်ဖူးပါတယ်။ 마셔봤어요.

မသောက်ဖူးဘူး။ 못 마셔봤어요.

(3) A: ဒီစာအုပ် ဖတ်ဖူးလား။ 이 책을 읽어봤어요?

B: ဖတ်ဖူးပါတယ်။ 읽어봤어요.

မဖတ်ဖူးဘူး။ 못 읽어봤어요.

2.

(1) A: ဆိုးလ်ကနေ ဘူဆန်ကို ဘယ်လို သွားရလဲ။

　　서울에서 부산에 어떻게 가요?

　 B: လေယာဉ်နဲ့/ရထားနဲ့ သွားလို့ရပါတယ်။

　　비행기로/기차로 갈 수 있어요.

(2) A: ကျောင်းကို ဘာနဲ့ သွားလဲ။

　　학교에 뭐 타고 가요?

　 B: ဘတ်စ်ကားနဲ့ သွားပါတယ်။ 　버스로 가요.

쓰기

(1) မြန်မာကို ရောက်တာ ကြာပြီလား။

(2) မြန်မာကို ရောက်တာ လေလောက် ရှိပါပြီ။

(3) အခုထိ မရောက်ဖူးသေးဘူး။

(4) ရန်ကုန်ကနေ လေယာဉ် စီးရမှာ။

(5) ကားနဲ့လည်း သွားလို့ရပါတယ်။

제14과

듣기

1. 🎧 14-2

(1) တစ်ခုလောက် 뭐 좀

(2) မေးပါရစေ။ 물어볼게요.

(3) ကူညီသည် 돕다

(4) ရုပ်ရှင်ရုံ 영화관, 극장

(5) ရိုးမဘဏ် 요마 은행

(6) အဆောက်အဦး 건물

(7) ညာဘက် 오른쪽

(8) ကွေ့သည် 돌다

(9) ဆက်လျှောက်သည် 계속 걸어가다

2. 🎧 14-3

(1) ⓑ

ရှေ့ကို ဆက်သွားရင် ကျောင်းပါ။

앞으로 쭉 가면 학교예요.

(2) ⓐ

ရုပ်ရှင်ရုံက ဘဏ်ရဲ့ ဘေးမှာ ရှိပါတယ်။

극장이 은행 옆에 있어요.

말하기

| 보기 |

A: ကော်ဖီဆိုင်က ဘယ်နားမှာ ရှိတာလဲ။

커피숍이 어디에 있어요?

B: ကော်ဖီဆိုင်က ရုပ်ရှင်ရုံရဲ့၊ မျက်နှာချင်းဆိုင်မှာ ရှိပါတယ်။

커피숍은 극장의 맞은편에 있어요.

(1) A: ရုပ်ရှင်ရုံက ဘယ်နားမှာ ရှိတာလဲ။

　　극장이 어디에 있어요?

　 B: ရုပ်ရှင်ရုံက ဘဏ်ရဲ့၊ ဘေးမှာ ရှိပါတယ်။

　　극장은 은행 옆에 있어요.

(2) A: ပန်းခြံက ဘယ်နားမှာ ရှိတာလဲ။

　　공원이 어디에 있어요?

　 B: ပန်းခြံက ကော်ဖီဆိုင်နဲ့ ရဲစခန်း ကြားမှာ ရှိပါတယ်။

　　공원은 커피숍과 경찰서 사이에 있어요.

(3) A: ကျောင်းက ဘယ်နားမှာ ရှိတာလဲ။

　　학교는 어디에 있어요?

　 B: ကျောင်းက စာအုပ်ဆိုင်ရဲ့၊ အနောက်မှာ ရှိပါတယ်။

　　학교는 서점 뒤에 있어요.

쓰기

(1) တစ်ခုလောက် မေးပါရစေ။

(2) ဘာကူညီပေးရမလဲ။

(3) ရုပ်ရှင်ရုံက ဘယ်နားမှာ ရှိတာလဲ။

(4) ရုပ်ရှင်ရုံက ဘဏ်(ရဲ့) ဘေးမှာ ရှိပါတယ်။

(5) ဟိုတယ်ကို တွေ့ရင် ညာဘက်ကို ကွေ့ပါ။

정답

제15과

듣기

1. 🎧 15-2

(1) ပြောတတ်လား။ 말할 줄 알아요?

(2) နည်းနည်းပါးပါး 조금

(3) ကောင်းကောင်း 잘

(4) ရေးတတ်လား။ 쓸 줄 알아요?

(5) ကျေးဇူးတင်ပါတယ်။ 고마워요.

(6) လေ့လာကြည့်သည် 배워보다

(7) တစ်ယောက်တည်း 혼자

(8) ကူညီပေးပွဲမယ်။ 도와줄게요.

(9) တကယ်လား။ 정말요?

2. 🎧 15-3

(1) ⓐ

ကျွန်တော် ကိုရီးယားလို မပြောတတ်ဘူး။

저는 한국어를 할 줄 몰라요.

(2) ⓑ

ကျွန်မ ဟင်းချက်တတ်တယ်။

저는 요리를 할 줄 알아요.

말하기

1.

| 보기 |
> A: မြန်မာလို ပြောတတ်လား။ 미얀마어 할 줄 알아요?
> B: ပြောတတ်ပါတယ်။ 할 줄 알아요.
> မပြောတတ်ဘူး။ 할 줄 몰라요.

(1) A: ပန်းချီဆွဲတတ်လား။ 그림을 그릴 줄 알아요?
   B: ဆွဲတတ်ပါတယ်။ 그릴 줄 알아요.
   မဆွဲတတ်ဘူး။ 그릴 줄 몰라요.

(2) A: ဂစ်တာ တီးတတ်လား။ 기타를 칠 줄 알아요?
   B: တီးတတ်ပါတယ်။ 기타를 칠 줄 알아요.
   မတီးတတ်ဘူး။ 기타를 칠 줄 몰라요.

(3) A: ဟင်းချက်တတ်လား။ 요리할 줄 알아요?
   B: ချက်တတ်ပါတယ်။ 요리할 줄 알아요.
   မချက်တတ်ဘူး။ 요리할 줄 몰라요.

2.

(1) A: ကိုရီးယားလို ပြောတတ်လား။

   한국말 할 줄 알아요?

   B: မပြောတတ်ဘူး။ လေ့လာကြည့်ချင်ပေမယ့်
      အချိန် မရှိဘူး။

   할 줄 몰라요. 공부를 해보고 싶지만 시간이 없어요.

(2) A: မြန်မာလို ကောင်းကောင်း ပြောတတ်လား။

   미얀마어 잘해요?

   B: ပြောတော့ ပြောတတ်ပေမယ့် မရေးတတ်ဘူး။

   말할 줄은 알지만 쓸 줄 몰라요.

쓰기

(1) မြန်မာလို ကောင်းကောင်း
    ပြောတတ်တယ်ထင်တယ်။

(2) ကိုရီးယားလို ပြောတတ်လား။

(3) မြန်မာလို ရေးတတ်လား။

(4) လေ့လာကြည့်ချင်ပေမယ့် တစ်ယောက်တည်း
    လေ့လာရတာ ခက်တယ်လေ။

(5) ကျွန်တော်/ကျွန်မ ကူညီပေးပွဲမယ်။ (남/여)